UNIVERSITÉ DE FRANCE.

ACADÉMIE DE STRASBOURG.

ACTE PUBLIC

POUR LE

DOCTORAT,

PRÉSENTÉ

A LA FACULTÉ DE DROIT DE STRASBOURG

ET SOUTENU PUBLIQUEMENT

LE MARDI 28 DÉCEMBRE 1847, A MIDI,

PAR

PIERRE-FRANÇOIS-HENRI-LÉOPOLD CONRAD,

DE STRASBOURG.

STRASBOURG,

DE L'IMPRIMERIE D'ÉDOUARD HUDER, RUE DES VEAUX, 27.

1847.

A LA MÉMOIRE

DE MON PÈRE.

A MA MÈRE.

P. F. H. L. CONRAD.

A

M. DELCASSO,

DOYEN DE LA FACULTÉ DES LETTRES.

P. F. H. L. CONRAD.

FACULTÉ DE DROIT DE STRASBOURG.

PROFESSEURS.

MM. RAUTER ✳ . . . . . . doyen et professeur de procédure civile et de
législation criminelle.
HEPP ✳ . . . . . . professeur de Droit des gens.
HEIMBURGER . . . . professeur de Droit romain.
THIERIET ✳. . . . . professeur de Droit commercial.
AUBRY ✳. . . . . . professeur de Droit civil français.
SCHÜTZENBERGER ✳ . professeur de Droit administratif.
RAU . . . . professeur de Droit civil français.
ESCHBACH . . . . . professeur de Droit civil français.

PROFESSEURS SUPPLÉANTS.

MM. DESTRAIS et CHAUFFOUR.

M. POTHIER, secrétaire, agent comptable.

M. ESCHBACH, président de l'acte.

Examinateurs, MM.
{
ESCHBACH,
RAUTER,
HEPP,
HEIMBURGER,
CHAUFFOUR.

DROIT CIVIL FRANÇAIS.

—◦◦◉◦◦—

LIQUIDATION ET PARTAGE DE SUCCESSION.

Articles 815-843, 883-893.

————

OBSERVATIONS PRÉLIMINAIRES.

La liquidation d'une succession est l'acte par lequel on règle et détermine l'état de cette succession : c'est une opération préliminaire au partage.

Le partage est la division de la chose commune, d'après la fixation de la part de chaque copartageant dans cette chose. Il peut avoir lieu dans toute indivision, à quelque titre que ce soit; car on distingue les partages de succession, de communauté entre époux, de société, d'objets particuliers. C'est donc là un principe qui tient à l'ordre public, et que le législateur a consacré par une disposition formelle : « Nul « ne peut être contraint à demeurer dans l'indivision » (C. c., art. 815). En effet, l'indivision est une entrave au libre exercice du droit de propriété, et l'expérience de tous les siècles a prouvé qu'elle a été une

1

source abondante de discordes entre les propriétaires (M. Poujol, Traité des successions, tome II, page 4, numéro 4).

Les partages de communauté, ceux entre associés, les partages faits par les ascendants, ceux des choses particulières individuellement considérées sont soumis aux règles générales du partage ordinaire de succession, sauf l'application de quelques dispositions spéciales (C. c., art. 1467-1477, 1872, 1075-1081 ; MM. Aubry et Rau, Traduction de Zachariæ, t. Ier, page 405, note 3). Ainsi, les articles 1441 et 1871 du Code civil et l'article 220 du Code de commerce renferment des exceptions au principe posé par l'alinéa premier de l'article 815 du Code civil :

I. L'article 1441 porte : « La communauté se dissout : 1º par la « mort naturelle ; 2º par la mort civile ; 3º par la séparation de corps ; « 4º par la séparation de biens. »

Les époux se trouvent donc dans une indivision forcée ; ils ne peuvent provoquer le partage des biens dépendant de la communauté, qu'autant que l'une des causes énumérées dans l'article 1441 amène la dissolution de la communauté ;

II. Aux termes de l'article 1871, la dissolution des sociétés à terme ne peut être demandée par l'un des associés avant le terme convenu : la loi est formelle, et elle ne fait d'exception à cette règle générale, que pour certaines causes spéciales, dont la légitimité et la gravité sont laissées à l'arbitrage des juges ;

III. Le Code de commerce, au titre 3 des propriétaires de navires, établit pour principe, art. 220, que la licitation d'un navire ne peut être accordée que sur la demande des propriétaires formant ensemble la moitié de l'intérêt total dans le navire, s'il n'y a, par écrit, convention contraire ;

IV. On peut ajouter encore le cas exceptionnel où un vestibule, par exemple, sert à l'usage commun de deux maisons : l'indivision, dans cette hypothèse, résulte forcément de la nature des lieux, et doit être considérée comme une espèce de servitude imposée aux deux propriétaires (MM. Aubry et Rau, t. Ier, p. 409, alinéa 1er; M. Poujol, op. cit., p. 19, n° 8).

Nous n'avons à nous occuper ici que du partage de succession, tel qu'il est réglé par les art. 815 et suivants du Code civil.

Tout cohéritier est autorisé à provoquer le partage de la masse héréditaire : s'il veut jouir divisément de la part qui lui est déférée, mais qui se trouve confondue avec les parts des autres héritiers, il a le droit de la faire sortir de la masse commune, au moyen de l'action en partage, *actio familiæ erciscundæ*.

En Droit romain, on distinguait l'action *familiæ erciscundæ* de l'action *communi dividundo*, suivant que l'action était exercée entre cohéritiers, relativement au partage de l'hérédité, ou entre copropriétaires, pour arriver au partage d'objets individuellement envisagés. Ces deux expressions distinctes n'existent pas en Droit français (MM. Aubry et Rau, t. IV, p. 369, note 4).

Il ne faut point confondre l'action en partage avec la pétition d'hérédité.

L'action en partage suppose, comme condition essentielle, la reconnaissance du titre de cohéritier, acquise au demandeur par le défendeur; dans le cas contraire, l'exercice de l'action en partage dépendra d'une question préjudicielle, qui constitue une véritable pétition d'hérédité (MM. Aubry et Rau, t. IV, p. 299, al. 1).

Il importe d'établir cette distinction, puisque l'action en partage peut être exercée tant que dure l'indivision, et que la pétition d'hérédité est soumise à la prescription trentenaire (C. c., art. 2262 et MM. Aubry et Rau, t. IV, p. 300, note 5).

CHAPITRE PREMIER.

Nature de l'action en partage.

---

§ 1. DÉFINITION.

L'action en partage compète individuellement à chacun des cohéritiers. Elle est une action réciproque, *judicium duplex*, en ce sens, qu'elle n'est point accordée à un demandeur contre un défendeur, comme les actions ordinaires, *judicia simplicia*; mais qu'elle se donne entre plusieurs parties dont la condition est égale, que chaque cohéritier peut être demandeur et défendeur : *Unusquisque tàm rei quàm actoris partes sustinet* (D. livre 10, titre 3, loi 2, § 1; titre 1, loi 10; titre 2, loi 2, § 3; MM. Aubry et Rau, t. IV, p. 369, § 621, al. 1 et note 2).

§ 2. SUSPENSION DU PARTAGE.

Le principe établi par l'art. 815 du Code civil « Nul ne peut être contraint à demeurer dans l'indivision, » est, ainsi que nous l'avons posé, un principe qui tient à l'ordre public.

La loi romaine renfermait déjà les mêmes dispositions. Les cohéritiers et les copropriétaires pouvaient, il est vrai, convenir entre eux de suspendre le partage pendant un certain temps : une pareille convention était parfaitement licite, et obligeait les contractants à rester dans l'indivision pendant le délai fixé. Mais tout associé, tout cohéritier ou copropriétaire avait le droit de provoquer le partage des choses indivises, nonobstant tout pacte par lequel les parties auraient renoncé au partage : *nulla societatis in æternum coïtio est* (D. livre 10, titre 3, loi 14, § 2, 3 et 4; titre 2, loi 43; livre 17, titre 2, loi 70).

Dans l'ancienne jurisprudence, on soumit ce principe à quelques modifications.

La plupart des auteurs ne reconnaissaient point à un testateur la faculté de stipuler une prohibition illimitée du partage; une pareille stipulation paraissait contraire aux principes légués par la législation romaine, et aux lois sur les successions; mais on admettait généralement que le testateur pût imposer à ses héritiers l'obligation de posséder indivisément les biens de sa succession, pendant un certain temps. La prohibition à temps de partager était considérée comme une condition valable du testament; elle était établie surtout dans le cas où le testateur, redoutant un partage judiciaire par suite de la minorité d'un ou de plusieurs héritiers, exigeait que l'indivision fût maintenue jusqu'à la majorité de tous les cohéritiers. Du reste, il était loisible de stipuler cette prohibition du partage, pour telle durée de temps que l'on jugeait convenable; aucune demande en partage ne pouvait être intentée avant l'expiration de ce terme.

Quant aux héritiers, ils pouvaient, selon quelques auteurs du moins, convenir entre eux de ne jamais sortir de l'indivision : cette convention était valable, pourvu qu'elle eût été arrêtée entre tous les héritiers sans exception (M. Poujol, op. cit., p. 14, n° 2; Chabot de l'Allier, Commentaire sur la loi des successions, t. III, p. 62, n° 2, et p. 63, n° 3).

Toutes ces distinctions ont été rejetées par l'article 815 du Code civil.

Cet article dit formellement que le partage peut toujours être provoqué, nonobstant prohibitions et conventions contraires : il autorise simplement une suspension quinquennale.

Ainsi, plus de doute possible : toute prohibition de partage de la part d'un testateur, toute convention entre héritiers à l'effet de rester dans l'indivision, qui excéderaient le délai de cinq ans, ou qui seraient illimitées, devront fléchir devant la disposition de l'article 815. Une transaction même, qui serait intervenue entre tous les héritiers sur le mode de jouissance des biens indivis, et dont l'exécution remonterait au-delà de trente ans, ne pourrait être invoquée comme une fin de non-recevoir contre l'action en partage : on ne pourrait voir, au surplus, dans une pareille convention, qu'un partage de jouissance, et non un partage de propriété (arrêt de la section civile de la Cour de cassation du 15 février 1813).

Au reste, le législateur a prévu lui-même qu'il est diverses circonstances, dans lesquelles un partage immédiat, loin d'être utile aux héritiers, serait contraire à leurs intérêts ; il a permis la suspension du partage pendant cinq ans (C. c., art. 815, al. 2).

Ce terme ne peut être dépassé. La loi, en effet, n'a eu d'autre but que de renfermer dans certaines limites le principe absolu qu'elle avait posé dans l'alinéa premier de l'article 815 ; mais cette restriction devait entraver le moins possible la liberté du droit de partage. Que de motifs peuvent surgir pour déterminer les héritiers à provoquer, après cinq années, un partage qu'ils avaient intérêt à différer ! Ajoutons cependant que la convention, qui prolongerait l'état d'indivision au-delà de cinq ans, ne serait point frappée de nullité, mais serait réductible à ce terme (arg. C. c., art. 1660 ; MM. Aubry et Rau, t. Ier, p. 408, note 14 ; Duranton, t. VII, n° 81).

D'ailleurs, la loi n'a-t-elle pas elle-même prévu toutes les difficultés, en ajoutant (C. c., art. 815, al. 2) que les cohéritiers, après avoir fixé la durée de l'indivision à cinq années, ont le droit de renouveler cette convention.

Quel est, en cas de renouvellement, le point de départ du nouveau délai quinquennal ?

Ce n'est point là une question de fait à résoudre conformément à l'intention présumée des parties. Il faut, au contraire, d'après l'esprit de la loi, poser en principe que le nouveau délai de cinq ans court du jour où le renouvellement a eu lieu, et non à partir de l'expiration de la convention primitive. Comment maintenir, dans le système opposé, la disposition de l'alinéa 2 de l'article 815, d'après laquelle le partage ne peut être suspendu au-delà de cinq ans? Ne serait-il pas loisible aux parties d'anticiper les renouvellements successifs, et d'éluder la prohibition établie par la loi?

Ainsi toute convention d'indivision peut être renouvelée; mais elle ne peut l'être au-delà de cinq années, comme la convention primitive elle-même. Si donc le renouvellement avait lieu avant l'expiration des cinq premières années, il serait obligatoire dès le jour où il a été arrêté (MM. Aubry et Rau, t. IV, p. 375, texte et note 4; Toullier, t. IV, p. 406, n° 406).

Du reste, les héritiers sont libres de renouveler même indéfiniment la convention d'indivision. La loi ayant disposé d'une manière générale : *La convention peut être renouvelée*, on peut stipuler des renouvellements successifs, de cinq ans en cinq ans (Chabot de l'Allier, op. cit., p. 65).

On arrivera, il est vrai, d'une manière indirecte, à établir une indivision presque indéfinie; mais la loi sera-t-elle violée? le droit de provoquer le partage des biens ne revit-il pas à l'expiration de chaque période quinquennale?

La convention d'indivision doit être faite entre tous les héritiers : il est évident qu'elle ne peut être obligatoire pour ceux qui ne l'ont point souscrite ; ces derniers conservent toujours le droit de faire cesser l'indivision. Toutefois, si une convention d'indivision est rompue par la demande en partage formée par les cohéritiers qui n'y ont point été parties, elle ne l'est pas d'une manière absolue. Le partage une fois consommé, rien n'empêche que ceux qui sont convenus de l'indivision ne réunissent les parts attribuées à chacun d'eux, et n'en jouissent en commun jusqu'au terme fixé par la convention, pourvu que ce terme n'excède pas la période quinquennale déterminée par la loi (M. Poujol, op. cit., p. 17, n° 4 ; Chabot de l'Allier, op. cit., p. 65, n°s 7 et 8 ; Duranton, t. VII, n° 83).

Jusqu'ici aucun doute ; mais la disposition de l'alinéa 2 de l'art. 815 est-elle restrictive, ou bien un testateur pourrait-il imposer à ses héritiers l'obligation de rester dans l'indivision pendant cinq ans?

La question ne peut se présenter lorsqu'il s'agit d'une réserve ; la réserve est déterminée par la loi d'une manière irrévocable, et le testateur ne peut y porter atteinte.

Mais nous pensons qu'il en est autrement à l'égard de simples légataires ou de donataires.

On voudra peut-être arguer du texte de la loi et prétendre que, si le législateur a permis de suspendre le partage pendant cinq ans, il a entendu parler uniquement d'une convention d'indivision entre les cohéritiers. Mais d'abord, ni le texte, ni l'esprit de l'art. 815, al. 2, ne s'opposent à ce qu'un testateur ou donateur attache à sa disposition la condition que les légataires ou donataires suspendront le partage de ses biens pendant cinq ans; d'un autre côté, une condition de cette nature n'a rien de contraire à l'ordre public ; enfin, les termes mêmes de l'alinéa 1er de l'art. 815 : *Le partage peut toujours être provoqué, nonobstant prohibitions et conventions contraires,* indiquent nettement que le législateur a eu en vue la prohibition qui serait faite par un testateur, aussi bien que la convention des cohéritiers; et comme cette convention est obligatoire pendant cinq ans, il est permis d'attribuer le même effet à la prohibition faite par testament ou donation.

Du reste, il est inutile d'ajouter qu'il serait loisible aux donataires ou légataires d'exécuter la condition qui leur aurait été imposée ou de provoquer, d'un accord unanime et malgré la stipulation, le partage immédiat de la propriété indivise (M. Poujol, op. cit., p. 14, n° 2 ; MM. Aubry et Rau, t. I, p. 408, texte et note 15, t. IV, p. 375, texte et note 6; Pothier, t. XII, p. 533 et 534; Delvincourt, t. I, p. 671, note 3; Duranton, t. VII, n° 80).

§ 3. IMPRESCRIPTIBILITÉ DE L'ACTION EN PARTAGE.

L'art. 816 du Code civil porte : « Le partage peut être demandé, « même quand l'un des cohéritiers aurait joui séparément de partie « des biens de la succession, s'il n'y a eu un acte de partage ou pos- « session suffisante pour acquérir la prescription. »

Cet article indique à la fois une règle et une exception. Essayons de l'analyser par les propositions suivantes :

I. Quel est le sens de ces dernières expressions : *possession suffisante pour acquérir la prescription?* Quel est le point de départ de cette prescription?

La prescription dont parle l'art. 816 doit s'entendre comme prescription extinctive et non comme usucapion; une succession, en tant qu'universalité juridique, n'est susceptible ni de possession véritable, ni d'usucapion : nous reviendrons encore sur ce point.

Cette prescription s'accomplit par trente ans, à dater :

1. Soit de la prise de possession, lorsque l'héritier entre les mains duquel se trouve l'hérédité, n'en était pas antérieurement détenteur précaire, c'est-à-dire qu'il n'a pas reconnu le titre de ses cohéritiers ;

2. Soit, dans l'hypothèse contraire, à dater d'une interversion de possession (C. c., art. 2238). En effet, lorsque les héritiers ont fait respectivement reconnaître leur titre de cohéritiers, il s'établit entre eux un mandat tacite, en vertu duquel celui même qui a possédé exclusivement l'hérédité, est tenu de rendre compte de son adminis-

tration et des fruits perçus. Le fait seul de la jouissance séparée ne lui suffit donc pas pour acquérir la prescription, il faut de plus que cette jouissance exclusive, substituée à la jouissance commune, résulte d'une interversion dans le titre de possession.

II. Le principe que l'action en partage est éteinte, lorsqu'il y a eu possession suffisante pour acquérir la prescription, est applicable :

1. Lorsque la possession porte soit sur l'hérédité toute entière, soit sur une partie des biens ou même sur certains objets de l'hérédité spécialement déterminés : dans le premier cas, l'action en partage est prescrite d'une manière absolue ; dans le second cas, elle n'est éteinte que par rapport à la partie des biens héréditaires ou aux objets individuels dont le cohéritier a joui d'une manière exclusive ;

2. Lorsque l'un des cohéritiers a été seul en possession des biens héréditaires, comme dans le cas où l'hérédité a été possédée par plusieurs d'entre eux.

III. De quelle prescription est-il question dans l'art. 816 ? s'agit-il d'une prescription extinctive, s'agit-il d'usucapion ?

Il suffit de consulter le texte même de la loi pour établir, à raison de la généralité des termes de l'art. 816, que le législateur a entendu parler, dans cet article, d'une prescription extinctive et non d'usucapion.

En effet, quel serait le résultat d'une autre interprétation ?

D'abord, nous avons déjà vu qu'il ne peut être question d'usucapion, lorsque la jouissance exclusive a pour objet l'hérédité toute entière, qui est une universalité juridique, et ne peut, comme telle, être susceptible ni de possession véritable, ni d'usucapion. D'autre part, l'article 816 ne serait plus applicable aux meubles incorporels qui ne peuvent s'acquérir par usucapion : une créance, par exemple, pourrait-elle être usucapée par celui qui serait détenteur de l'acte instrumentaire destiné à constater l'existence de cette créance ? Or, cette conséquence est repoussée par les termes dans lesquels l'article 816 est conçu : cet article, par sa généralité même, s'applique à toute espèce de biens héréditaires et notamment aux meubles, tant corporels qu'incorporels.

Enfin, si l'article 816 doit établir une prescription acquisitive, la possession la plus courte, en ce qui concerne les meubles corporels, serait suffisante; l'héritier possesseur invoquerait avec succès la disposition de l'art. 2279, al. 1er. Mais peut-on dire qu'en fait de meubles possession vaille titre, lorsque le possesseur est un cohéritier, qui a reconnu les droits de ses consorts, qui leur doit compte, en vertu d'un mandat tacite, de tous les objets qu'il a distraits de la masse commune? Ne faut-il pas, au contraire, que les droits des cohéritiers non possesseurs soient éteints par une prescription trentenaire?

Nous concluons donc que la prescription dont parle l'art. 816 est à considérer non comme une usucapion, mais comme une prescription extinctive.

IV. Jusqu'ici, nous avons supposé que l'hérédité a été possédée par un ou même par plusieurs des cohéritiers. Que faut-il décider dans le cas où chacun des héritiers aurait joui exclusivement d'une partie des biens de la succession, correspondant au montant de ses droits héréditaires?

La jurisprudence ancienne attachait à cette jouissance exclusive la présomption d'un partage fait entre tous les cohéritiers : elle admettait même, pour ce cas, la prescription décennale; dix années suffisaient pour rendre non recevable toute nouvelle demande en partage; après ce laps de temps, chaque héritier devenait propriétaire définitif de la part qu'il avait possédée *pro suo*.

Quelle est la règle à suivre sous l'empire de la législation nouvelle?

Le Code est muet à cet égard. Il faut donc s'assurer si le principe posé par la jurisprudence ancienne est conforme ou non à l'esprit de la loi nouvelle :

M. Poujol, op. cit., p. 23, n° 3, déclare avec raison que ce principe ne peut être suivi sous l'empire du Code actuel. La jouissance exclusive de chacun des héritiers est bien un fait, mais elle ne saurait être un titre pour servir à la prescription de dix et vingt ans. Il faudrait donc encore, dans cette hypothèse, une prescription trentenaire pour éteindre l'action en partage.

V. La prescription de trente ans est-elle encore requise dans le cas où un tiers a acquis d'un cohéritier la portion de biens, que ce dernier a possédée exclusivement avant le partage?

Il peut se présenter deux hypothèses :

Ou bien, le tiers n'a acquis que les droits successifs de l'héritier.... Dans ce cas, on applique la maxime *nemo in alium plus juris transferre potest quàm ipse habet* : l'acquéreur est mis aux lieu et place de l'héritier ; il le représente en cette qualité ; dès lors, il ne peut avoir plus de droit que lui ; il ne peut, comme l'héritier lui-même, prescrire l'action en partage que par une possession trentenaire (arg. de la note 7, p. 300, t. IV, MM. Aubry et Rau) ;

Ou bien, la vente a eu pour objet la portion même de biens dont l'héritier avait joui séparément.... Dans cette hypothèse, le tiers acquéreur invoquera utilement la prescription de dix à vingt ans ; ce n'est plus l'action en partage, mais la propriété même des biens acquis, qu'il aura prescrite.

VI. Le cohéritier, qui demande le partage des objets restés indivis, est-il tenu de rapporter à la masse partageable les objets qu'il a soustraits à l'indivision, au moyen de la prescription?

La solution de cette question doit être négative. En effet, nous avons établi précédemment qu'une possession, continuée pendant trente ans, opère en faveur de l'héritier possesseur la prescription extinctive, totale ou partielle, de l'action en partage. L'héritier qui a valablement prescrit, acquiert donc par là des droits irrrévocables contre ses cohéritiers ; ces derniers ne peuvent, en aucun cas, réclamer contre lui la restitution des objets qu'il a soustraits à l'indivision, au moyen de la prescription. Dès lors, pourquoi faire une distinction, qui, d'ailleurs, paraît peu conforme à l'esprit de la loi ; pourquoi reconnaître que la prescription trentenaire est de nature à rendre l'action en partage non recevable, et lui enlever ainsi cet effet dans un cas particulier? L'héritier qui a prescrit, a-t-il moins valablement prescrit, parce qu'après un certain temps, il vient concourir au partage des objets laissés dans l'indivision; ses cohéritiers sont-ils autorisés à exiger le rapport de biens sur lesquels tous leurs droits sont prescrits? (MM. Aubry et Rau, t. IV, p. 378, note 12, et t. I, p. 408, note 12.)

M. Chabot de l'Allier (op. cit., p. 69, n° 3,) décide au contraire que, dans l'hypothèse qui nous occupe, l'héritier doit rapporter à la masse partageable tous les biens dont il aurait joui séparément, même pendant plus de trente ans.

VII. Enfin, l'action en partage n'est plus recevable, lorsque l'héritier possesseur peut opposer à ses cohéritiers soit la déchéance, par eux encourue, de la faculté d'accepter la succession, soit la prescription de la pétition d'hérédité. En effet, qui dit action en partage, dit indivision, copropriété; or, dans ce cas, il n'y a plus de copropriété; l'action en partage est sans objet (MM. Aubry et Rau, t. IV, p. 375, al. 2).

Voyez pour ces diverses propositions MM. Aubry et Rau, t. IV, p. 376, texte et note 9, p. 377, texte et note. 11 ; M. Poujol, op. cit., p. 22 et 23 ; Chabot de l'Allier, op. cit., p. 68, 69 et 70 ; Duranton, t. VII, n° 91.

§ 4. QUELLES SONT LES PERSONNES QUI PEUVENT FORMER L'ACTION EN PARTAGE? CONTRE QUI EST-ELLE DIRIGÉE?

L'art. 815 al. 1er du Code civil donne à toute personne qui est dans l'indivision, le droit de provoquer le partage des biens indivis.

Mais, pour exercer et pour suspendre l'action en partage, il faut être maître de ses droits (Toullier, t. IV, p. 407, n° 408). De là, plusieurs dispositions de la loi, pour l'intelligence desquelles il suffit d'appliquer les principes généraux sur la capacité personnelle.

Nous examinerons successivement les quatre propositions suivantes:

l. *Partage d'une succession échue à un mineur non émancipé ou à un interdit.*

A raison même de la faiblesse de son âge, le mineur se trouve soumis à une législation spéciale : la direction de sa personne et l'administration de ses biens sont confiées à un tuteur ; le mineur est représenté par son tuteur, dans tous les actes de la vie civile (C. c., art. 450, al. 1er).

C'est donc au tuteur, chargé exclusivement de toutes les affaires de la tutelle, qu'appartiendra aussi l'action en partage (C. c., art. 817, al. 1er).

Cependant la loi devait, dans cette circonstance, donner une nouvelle garantie aux intérêts du mineur.

Dans l'ancienne jurisprudence, les cohéritiers majeurs étaient autorisés à demander contre un mineur un partage définitif des biens de la succession ; mais le tuteur ne pouvait provoquer, dans l'intérêt du mineur, qu'un partage provisionnel.

Cette distinction, qui reposait sur la protection accordée aux mineurs, était fondée sur le motif que le partage provoqué par le tuteur est une aliénation volontaire, tandis que la demande en partage, formée par un cohéritier, qui ne peut être contraint de rester dans l'indivision, entraîne une aliénation nécessaire pour le mineur (Chabot de l'Allier, op. cit., p. 70, n° 1 ; M. Poujol, op. cit., p. 27, n° 1).

Une pareille précaution n'était pas heureuse dans ses effets. Pourquoi ne pas accorder au tuteur la faculté de provoquer un partage définitif, que l'intérêt du mineur peut souvent exiger? Ne suffisait-il pas de soumettre l'exercice de ce droit à quelques formalités particulières, afin de prévenir les surprises et les abus ?

Aussi l'art. 817 al. 1er du Code civil prescrit, comme première garantie, que le tuteur soit spécialement autorisé par un conseil de famille.

Il faut distinguer néanmoins entre le partage provisionnel et le partage définitif : le premier n'exige point pour le tuteur l'autorisation du conseil de famille; il rentre dans les attributions ordinaires de la tutelle; en effet, l'art. 450 al. 2 du Code civil donne au tuteur le pouvoir d'administrer les revenus des biens du mineur, comme il le juge convenable; et le partage provisionnel n'est qu'un acte d'administration, qui porte sur la jouissance et non sur la propriété; le partage définitif, au contraire, bien qu'il ne soit que déclaratif de droits (C. civ., art. 883), ne rentre pas dans la classe des actes de pure administration (M. Poujol, op. cit., pag. 27, n° 1, et pag. 92, n° 2; Chabot, de l'Allier, op. cit., p. 176, n° 6.)

L'autorisation requise pour le tuteur qui provoque un partage définitif, est-elle nécessaire lorsque la succession est purement mobilière, comme dans le cas où elle se compose d'immeubles?

La solution de cette question ne peut offrir aucune difficulté :

En vain voudrait-on arguer de l'art. 464 du Code civil, que le législateur a entendu exiger pour le tuteur l'autorisation du conseil de famille, à l'effet d'introduire en justice une action relative aux droits immobiliers du mineur, et qu'il l'en a dispensé pour provoquer un partage mobilier.

La loi est formelle; elle s'est servie de dénominations générales (C. c., art. 465 et 817, al. 1); dès lors on applique l'adage : *ubi lex non distinguit, nos etiam non distinguere debemus.*

D'ailleurs, la solution affirmative de la question se justifierait encore par la disposition de l'art. 789 du Code civil. En statuant d'une manière générale, que la faculté d'accepter ou de répudier une succession, se prescrit par le laps de temps requis pour la prescription la plus longue des droits immobiliers, la loi paraît indiquer que les universalités de meubles sont assimilées aux immeubles, quant aux actions dont elles peuvent être l'objet (Toullier, t. IV, p. 407, n° 408; M. Poujol, op. cit., p. 28, n° 2; Chabot de l'Allier, op. cit., p. 71, n° 2; MM. Aubry et Rau, t. IV, p. 371, texte et note 8).

Mais, si le tuteur a besoin de l'autorisation du conseil de famille pour intenter une action en partage définitif, il peut défendre à une pareille action, sans cette autorisation (C. civ., art. 465). Le conseil de famille, en effet, ne saurait, en aucun cas, se refuser au partage sans annuller la disposition de l'art. 815, al. 1, d'après laquelle nul n'est contraint de rester dans l'indivision.

L'art. 840 du Code civil, il est vrai, porte que les partages faits par les tuteurs sans autorisation du conseil de famille, sont provisionnels et non définitifs. Mais, pour entendre cet article sainement, il faut le rapprocher de l'art. 465, et l'on se convaincra que l'art. 840 ne déroge point à l'art. 465; qu'il s'occupe uniquement des partages provoqués par le tuteur, et non du cas où le partage a lieu sur la demande des autres copartageants (Chabot de l'Allier, op. cit., p. 173, n° 3).

Tout ce que nous venons de dire pour les partages de succession échue à un mineur non émancipé, s'applique, en vertu de l'art. 509 du Code civil, à ceux dans lesquels serait intéressé un interdit.

Enfin, s'il y a plusieurs mineurs ou interdits, placés sous la tutelle du même individu, qui aient des intérêts opposés dans le partage, il doit être donné à chacun d'eux un tuteur spécial, conformément aux art. 838 du Code civil et 968 du Code de procédure civile. Tel est le cas, par exemple, où les droits des mineurs, des interdits, sont inégaux, par suite de legs à prélever, de rapports distincts à faire, de reprises à liquider. La loi a voulu empêcher, dans ce cas, que le même tuteur ne favorisât l'un des pupilles au préjudice des autres. Mais, toutes les fois que les mineurs viennent à la succession, au même titre, par portions égales, un seul tuteur suffit, quel que soit leur nombre (M. Poujol, op. cit., p. 88, n° 5).

Nous ne pouvons qu'indiquer ici la question fortement controversée de savoir si la demande d'un partage définitif, intentée par le père, administrateur légal de la fortune de son enfant mineur, est, comme la demande du tuteur, soumise à l'autorisation préalable d'un conseil de famille.

Nous penchons pour l'affirmative, en nous appuyant sur les raisons que fait valoir M. Aubry, dans un excellent article de la *Revue de Droit français et étranger*, t. Ier, p. 658-689.

II. *Partage d'une succession échue à un mineur émancipé.*

A qui appartient l'action en partage? Faut-il une autorisation du conseil de famille?

Pour déterminer les règles à suivre, dans cette hypothèse, sur l'exercice de l'action en partage, il suffit de réunir les dispositions des articles 482 et 840 du Code civil : il en résultera que l'action en partage appartient au mineur émancipé, avec la seule assistance de son curateur, et sans l'autorisation du conseil de famille, lors même qu'il y a des immeubles dans la succession.

En effet, le mineur émancipé est autorisé par l'art. 482 à intenter une action immobilière avec l'assistance de son curateur; la loi n'exige rien de plus.

Il est vrai que l'art. 817, al. 1er, ne distingue pas entre les mineurs émancipés et les mineurs non émancipés. D'où l'on a conclu qu'il faut, dans les deux cas, une autorisation préalable du conseil de famille pour la demande en partage.

Mais d'abord, l'art. 817 est inapplicable aux mineurs émancipés, puisqu'il ne mentionne que les mineurs qui ont des tuteurs.

D'un autre côté, l'art. 840 offre par sa précision un argument irré-sistible. Cet article porte : «Les partages faits conformément aux « règles ci-dessus prescrites, soit par les tuteurs, avec l'autorisation «d'un conseil de famille, soit par les mineurs émancipés, assistés de « leurs curateurs, soit au nom des absents ou non présents, sont défi-« nitifs, etc.»

Cette distinction, si nettement établie, existerait-elle, si les rédac-

3

teurs du Code avaient voulu exiger l'autorisation d'un conseil de famille, à l'égard des mineurs émancipés, comme à l'égard des mineurs non émancipés? L'art. 840 ne porterait-il pas que les partages, dans les deux cas, ne sont définitifs que lorsqu'ils sont faits avec l'autorisation d'un conseil de famille? Mais il n'en est pas ainsi : dès lors on peut invoquer la maxime : *Qui dicit de uno negat de altero.* (Toullier, t. IV, p. 407, n° 408 ; MM. Aubry et Rau, t. IV, p. 371, al. 2 et note 11 ; Chabot de l'Allier, op. cit., p. 173, n° 4).

Nous ajouterons ici la même remarque que nous avons faite pour l'action en partage intentée par un tuteur au nom de son pupille : L'assistance du curateur sera nécessaire au mineur émancipé pour provoquer un partage définitif; elle ne le sera pas pour former une demande en partage provisionnel, qui n'est qu'un acte de pure administration (C. c., art. 481 ; Chabot de l'Allier, op. cit., p. 176, n° 6).

Enfin, ces divers principes semblent applicables encore au cas où l'action en partage est exercée par celui auquel a été nommé un conseil judiciaire (C. c., art. 513; M. Poujol, op. cit., p. 28, n° 3).

III. *Partage d'une succession à laquelle est appelé un absent.*

L'alinéa 2 de l'art. 817 du Code civil est ainsi conçu : « A l'égard « des cohéritiers absents, l'action appartient aux parents envoyés en « possession. »

Cette disposition, comme le fait observer avec raison M. Chabot de l'Allier (op. cit., p. 75, n° 4), est incomplète et manque même d'exactitude. Elle suppose le seul cas où l'envoi en possession provisoire des biens de l'absent, a été prononcé au profit des héritiers ou successeurs présomptifs de ce dernier.

Mais à qui appartiendra l'action en partage, dans le cas d'une simple présomption d'absence? *Quid*, si conformément à l'art. 124 du Code civil, l'envoi en possession provisoire, au profit des héritiers ou successeurs de l'absent, a été empêché par l'époux de l'absent, commun en biens avec lui, et qui a opté pour la continuation de la communauté?

D'abord, nous pensons que, pour bien comprendre la seconde disposition de l'art. 817, il faut la combiner avec les art. 112, 120, 124, 135 et 136 du Code civil, et distinguer soigneusement entre les successions ouvertes au profit de l'absent depuis sa disparition ou ses dernières nouvelles, et celles dont l'ouverture est antérieure à cette disparition ou aux dernières nouvelles;

La première hypothèse a été prévue par les art. 120, 135 et 136 du Code civil.

L'art. 120 n'applique formellement l'envoi en possession provisoire qu'aux biens qui appartenaient à l'absent au jour de son départ ou de ses dernières nouvelles. Dès lors, l'al. 2 de l'art. 817 ne pourrait comprendre le cas d'une succession ouverte postérieurement à la disparition ou aux dernières nouvelles, sans renverser les dispositions tracées par les art. 120, 135 et 136.

Cette proposition deviendra plus évidente encore, si nous la précisons au moyen d'un exemple : Une personne disparaît du lieu de sa résidence, sans laisser de mandataire ; elle ne donne aucune nouvelle pendant quatre ans; son existence est incertaine. Quelles seront les mesures à prendre relativement à son patrimoine?

Les parties intéressées, c'est-à-dire les héritiers ou successeurs présomptifs de l'absent, au moment de sa disparition, pourront s'adresser au tribunal de première instance, aux fins de déclaration d'absence (C. c., art. 115), demander l'envoi en possession provisoire des biens qui appartenaient à l'absent, au jour de son départ (C. c., art. 120), et par suite provoquer le partage des successions auxquelles l'absent aurait été appelé.

Mais supposons qu'après la disparition de l'absent une succession vienne à s'ouvrir, à son profit, conjointement avec d'autres héritiers, appliquerons-nous encore les art. 120 et 817 ?

Evidemment non. L'existence de l'absent est incertaine; ceux qui ont obtenu l'envoi en possession provisoire ne peuvent prouver que l'absent existait à l'époque de l'ouverture de cette succession ; ils ne peuvent donc élever aucune réclamation du chef de l'absent (C. c., art. 135). Faute de fournir cette preuve, ils seront déclarés non recevables dans leur demande, et la succession sera dévolue exclusivement à ceux avec lesquels l'absent aurait eu le droit de concourir, ou à ceux qui l'auraient recueillie à son défaut (C. c., art. 136) : sans préjudice toutefois au droit de revendication (tant que l'action en pétition d'hérédité n'est point prescrite) appartenant soit à l'absent, dans le cas où il reparaîtrait, soit aux héritiers de l'absent, s'ils prouvaient que leur auteur était vivant à l'époque de l'ouverture de la succession (C. c., art 137).

Il en sera de même encore, si l'absent a donné de ses nouvelles, mais si la succession ne s'est ouverte qu'après l'époque où la certitude de son existence a été établie par les dernières nouvelles ; l'existence de l'absent n'en aura pas été moins incertaine au moment de l'ouverture de la succession.

Voilà pour la première hypothèse.

Quant à la seconde, où nous supposons une succession échue à un absent, soit avant son départ, soit avant les dernières nouvelles qu'on a eues de lui, il faut distinguer trois cas :

Premier cas : Présomption d'absence. Si l'absent a laissé un fondé de pouvoirs, celui-ci pourra, au nom de son mandant, provoquer toute action en partage ou y défendre.

Dans le cas contraire, que faut-il décider ? L'art. 113 du Code civil porte : « Le tribunal, à la requête de la partie la plus diligente, com« mettra un notaire pour représenter les présumés absents dans les « inventaires, comptes, partages et liquidations, dans lesquels ils se« ront intéressés. »

Mais ce notaire n'a d'autre mission que de veiller à la conservation des droits de l'absent ; il n'est autorisé ni à provoquer un partage, ni à défendre sur ceux qui sont provoqués par les cohéritiers, à moins

que le tribunal ne lui donne à cet effet une qualité suffisante. Et cependant il peut être urgent pour les intérêts de l'absent que le partage
ait lieu ; d'un autre côté, les cohéritiers ne sont point contraints, par
le fait d'autrui, à rester dans l'indivision : à qui appartiendra donc
l'action en partage ?

On invoquera, dans ce cas, la disposition de l'art. 112 qui ne parle
pas expressément de la nomination d'un curateur, mais qui donne
toute latitude aux juges sur le mode d'administration des biens laissés
par une personne présumée absente. Le tribunal nommera donc, s'il
le juge convenable, un curateur ayant qualité suffisante pour faire, au
nom de l'absent, toutes demandes en partage et pour y défendre.

Deuxième cas : Déclaration d'absence ; envoi en possession provisoire. C'est à ce cas seul que l'alinéa 2 de l'art. 817 du Code civil est
applicable. En effet, ceux qui ont obtenu l'envoi en possession provisoire des biens de l'absent, exercent tous les droits de ce dernier ; ils
sont donc seuls autorisés à exercer, en son nom, l'action en partage,
ou à répondre à celle qui serait intentée contre lui.

Troisième cas : Option de l'époux présent pour la continuation de
la communauté. Ici, nous retrouvons une marque de la faveur spéciale
que le législateur a accordée aux mariages. Aux termes de l'art. 124
du Code civil, l'époux de l'absent, commun en biens avec lui, peut
opter pour la continuation de la communauté, et empêcher ainsi
l'envoi en possession provisoire au profit des héritiers. Dans ce cas,
le conjoint présent prend ou conserve, par préférence aux héritiers,
l'administration des biens de l'absent, et il est autorisé à intenter
l'action en partage d'une succession échue à l'absent ou à défendre
aux demandes formées par des cohéritiers.

Voyez, pour le partage d'une succession à laquelle est appelé un
absent : M. Poujol, op. cit., p. 29-31 ; Chabot de l'Allier, op. cit., p.
75-81 ; MM. Aubry et Rau, t. Ier, p. 313, texte, p. 314, texte et notes
5 et 7, p. 293, al. 2 et note 13, p. 299-301 ; t. IV, p. 372, al. 1er et
note 13.

IV. *Partage d'une succession échue à une femme mariée* (C. c., art. 818).

L'action en partage appartient soit au mari, soit à la femme, soit aux deux époux conjointement.

Pour déterminer nettement ces trois hypothèses, il faut examiner les divers régimes sous lesquels les époux peuvent être mariés :

1. Communauté, légale ou conventionnelle;

2. Régime exclusif de communauté, qui comprend la clause portant que les époux se marient sans communauté et celle de séparation de biens ;

3. Régime dotal.

1. COMMUNAUTÉ.

Il s'agit du partage d'une succession échue à une femme commune en biens avec son mari ; par qui peut être provoqué ce partage ?

La solution de cette question repose sur la distinction suivante :

Si les meubles ou les immeubles qui font partie de la succession échue à la femme, tombent dans la communauté, le mari peut en demander le partage sans le concours de sa femme. Le mari, en effet, est réputé seigneur et maître de la communauté; il a le droit d'administrer les biens communs, d'en disposer même, sauf quelques restrictions, comme de biens personnels, sans que la femme puisse s'y opposer directement (C. c., art. 1421 et 1422) : à plus forte raison, est-il autorisé à intenter seul une action en partage ou à y répondre, relativement aux objets échus à sa femme, qui doivent faire partie de la communauté. Ce droit appartiendrait encore au mari, lors même que la femme, par une clause spéciale du contrat de mariage, aurait stipulé la reprise de ses apports, pour le cas où elle renoncerait à la communauté (C. c., art. 1514); cette clause ne saurait entraver les pouvoirs du mari ; elle n'a d'autre effet que d'assurer à la femme, par suite de sa renonciation à la communauté, une indemnité contre le mari ou ses héritiers, à raison des objets qu'elle a le droit de reprendre, et qui ont été distraits de la communauté.

Il n'en est plus ainsi, lorsque les objets échus à la femme par succession, ne tombent pas en communauté ; le mari ne peut en provoquer le partage définitif sans le concours de sa femme.

Faut-il distinguer entre les meubles et les immeubles ?

Non, évidemment. Le législateur, il est vrai, n'a pas ajouté, dans la seconde partie de l'art. 818, les mots *meubles* et *immeubles*, qu'il avait insérés dans la première partie ; mais il suffit de combiner les deux dispositions, dont se compose le premier alinéa de cet article, pour se convaincre que le mot *objets*, employé la seconde fois, est un terme général qui comprend les meubles et les immeubles.

Mais si, pour le partage d'objets qui ne tombent pas en communauté, la loi exige le concours des deux époux, ce n'est qu'autant qu'il s'agit d'un partage définitif : l'art. 818 permet au mari de demander un partage provisionnel des biens échus à sa femme, lorsqu'il a le droit de jouir de ces biens.

Cette disposition n'est que l'application des articles 1401, al. 3, et 1428 du Code civil.

Comme chef de la communauté, le mari a droit aux fruits des biens échus à sa femme, lors même que ces biens sont exclus de la communauté, sauf convention contraire : il peut donc aussi exercer une action qui le mène à la jouissance de ces fruits ; autrement, il serait contraint à rester dans l'indivision pour cette jouissance.

Il résulte encore de l'alinéa 1er de l'art. 818, qu'un partage définitif, opéré entre les cohéritiers de la femme et le mari, dans le cas où ce dernier n'avait le droit de procéder qu'à un partage provisionnel, lie les parties contractantes, sans pouvoir être opposé à la femme : celle-ci sera toujours autorisée à provoquer un nouveau partage, si elle refuse de ratifier celui qui a été fait hors sa présence.

D'un autre côté, rien n'empêche les cohéritiers de la femme, contre lesquels le mari provoque un partage provisionnel, de demander qu'il soit procédé à un partage définitif, afin d'éviter un double partage, pourvu que la femme soit mise en cause.

2. RÉGIME EXCLUSIF DE COMMUNAUTÉ.

Les époux qui se marient sans communauté ne contractent entre eux aucune société de biens; chacun d'eux reste propriétaire de son patrimoine. La femme conserve la propriété de tous les biens qu'elle possédait au jour du mariage, et de ceux qu'elle peut acquérir postérieurement, à un titre quelconque. Le mari ne pourra donc, sans le concours de sa femme, provoquer le partage définitif d'une succession échue à cette dernière : nous rentrons dans l'application de la seconde partie de l'art. 818.

Toutefois, sous ce régime, comme sous celui de la communauté légale, le mari a l'administration et la jouissance de tous les biens de la femme (C. c., art. 1530); dès lors, il peut demander le partage provisionnel de ceux qui aviennent à sa femme par suite d'une succession; les fruits et les revenus de ces biens lui appartiennent (C. c., art. 818, alin. 1er).

Il n'en est plus de même dans le cas de séparation de biens :

Cette clause confère à la femme l'entière administration de ses biens meubles et immeubles et la jouissance libre de ses revenus (C. c., art. 1536). Le mari n'a aucun droit à ces revenus; dès lors il ne serait point admis à demander le partage provisionnel d'une succession échue à sa femme.

L'action en partage sera exercée par cette dernière, sous l'assistance de son mari ou de justice.

La femme, quoique séparée de biens, ne pourrait agir seule, même dans le cas du partage conventionnel d'une succession purement mobilière; car nous avons établi que les universalités de meubles doivent, quant aux actions dont elles sont l'objet, être assimilées à des immeubles (arg. art. 789) : *a fortiori*, si la succession à partager comprend des immeubles, ou s'il s'agit d'un partage judiciaire (C. c., art. 1449, al. 3 et 215).

3. RÉGIME DOTAL.

Sous ce régime, les biens de la femme se divisent en dotaux et en paraphernaux.

Le mari seul a l'administration et la jouissance des biens dotaux (C. c., art. 1549, al. 1 et 2), sauf les réserves que la femme aurait faites à cet égard par le contrat de mariage, en vertu de l'alinéa 3 du même article.

Il a donc aussi le droit de demander le partage provisionnel des objets mobiliers ou immobiliers, échus à la femme et faisant partie de la dot. Mais il ne peut, sans le concours de sa femme, provoquer le partage définitif de ces mêmes objets; la disposition de l'art. 818 : *qu'à l'égard des objets qui ne tombent pas dans la communauté, le mari ne peut en provoquer le partage sans le concours de sa femme*, est générale, et doit s'appliquer au régime dotal aussi bien qu'à celui de la communauté.

Quant aux biens paraphernaux, l'article 1576 al. 1er du Code civil en donne l'administration et la jouissance exclusives à la femme. Le mari ne saurait donc, pas plus que sous le régime de la séparation de biens, être autorisé à demander le partage provisionnel des biens paraphernaux : la femme procédera au partage de ces biens; mais elle ne le pourra sans l'autorisation du mari, ou, à son refus, sans la permission du juge (C. c., art. 1576, al. 2).

Telles sont les diverses hypothèses dans lesquelles l'action en partage appartient soit au mari, soit à la femme, soit aux deux époux conjointement, suivant le régime sous lequel ils sont mariés.

4

Dans l'alinéa 2 de l'article 818, le Code s'occupe du cas où le partage est provoqué par les cohéritiers de la femme : le mari et la femme doivent être mis en cause.

Cette disposition pèche par sa généralité, ou, du moins, elle ne doit être appliquée qu'au cas où le mari ne pourrait, sans le concours de sa femme, provoquer lui-même le partage définitif. Comment supposer, en effet, que les cohéritiers de la femme soient tenus d'assigner cette dernière pour un partage d'objets qui tombent en communauté ? le mari aurait, en ce cas, une capacité suffisante pour être demandeur, et il serait incapable de défendre seul à une pareille action ! Au surplus, rien ne s'oppose à ce que la femme soit appelée à ce partage concurremment avec son mari ; mais ce n'est point une obligation pour ses cohéritiers, malgré la généralité des termes de la loi.

Voyez pour cette quatrième proposition : M. Poujol, op. cit., pag. 32-35; Chabot de l'Allier, op. cit., p. 81-90; Toullier, t. IV, p. 407-409; MM. Aubry et Rau, t. IV, p. 372, al. 3 et note 16, p. 375, texte et note 20.

Enfin, l'action en partage peut être exercée par les créanciers personnels des copartageants. Cette disposition résulte évidemment de la combinaison des articles 1166 et 2205 du Code civil ; elle se justifie d'autant mieux qu'il serait loisible aux héritiers de rendre le recours de leurs créanciers entièrement illusoire, en renouvelant successivement la convention d'indivision à laquelle les autorise l'alinéa 2 de l'article 815.

Mais les créanciers de la succession n'ont pas le même intérêt, puisque tous les biens de la succession sont leur gage, et qu'ils peuvent demander la séparation des patrimoines (C. c., art. 878; M. Poujol, op. cit., p. 17, n° 5).

L'art. 882 du Code civil permet en outre aux créanciers des héritiers de s'opposer à ce qu'il soit procédé au partage hors leur présence, pour éviter que le partage soit fait en fraude de leurs droits, et d'y intervenir à leurs frais.

Après avoir examiné quelles sont les personnes qui peuvent former l'action en partage, nous avons, pour terminer le § 4, à indiquer contre qui elle doit être dirigée.

Il suffit à cet égard de poser le principe que, pour défendre à une action en partage, il faut la même capacité que pour exercer cette action. L'article 465 du Code civil établit une seule exception à cette règle générale, en faveur du tuteur qui peut répondre à une demande en partage dirigée contre le mineur, sans avoir besoin de l'autorisation du conseil de famille, tandis que cette autorisation lui est nécessaire pour provoquer un partage (MM. Aubry et Rau, t. IV, p. 573, al. 2).

CHAPITRE II.

Des diverses espèces de partages.

On distingue quatre espèces de partages :

1. Le partage conventionnel ;
2. Le partage judiciaire ;
3. Le partage définitif;
4. Le partage provisionnel.

§ 1er. PARTAGE CONVENTIONNEL.

Le partage peut avoir lieu à l'amiable :

I. Si toutes les parties sont présentes ou dûment représentées par des mandataires de leur choix ;

II. Si tous les cohéritiers sont majeurs et jouissant de leurs droits civils ;

III. Si tous sont d'accord sur les opérations auxquelles il s'agit de procéder (C. c., art. 819, al. 1er et 823; C. pr. c., art: 985).

Il est loisible alors aux parties d'adopter pour le partage tel mode qu'elles jugeront convenable; la loi ne pouvait leur imposer aucune forme spéciale. Ainsi :

1. Elles peuvent convenir entre elles que les objets dépendant de la succession seront partagés, *Divisio naturalis;* ou procéder par voie de licitation, c'est-à-dire vendre les biens aux enchères, et répartir entre elles le prix provenant de la vente, *Divisio civilis ;*

2. L'alinéa 1er de l'art. 819 du Code civil autorise les héritiers à procéder au partage par tel acte qu'il leur plaira de choisir, vente, échange, transaction ;

3. Les parties sont libres de faire constater leurs conventions par un acte notarié ou par un acte sous signatures privées.

À cet égard, l'on s'est demandé s'il est nécessaire, pour la validité du partage, qu'il ait été constaté par écrit.

M. Chabot, op. cit., p. 68, n° 1, établit en règle générale que le par-tage doit être fait par écrit.

Sans doute l'art. 816 du Code civil emploie les termes *acte de par-tage;* mais il ne faut pas les interpréter à la lettre. Le législateur s'est appliqué surtout, dans cet article, à rejeter les partages de fait, admis autrefois dans certaines coutumes, par suite d'une jouissance séparée pendant dix ans et dont nous avons parlé page 11. Il a voulu que le par-tage fût effectué réellement, au moyen d'une convention formelle, et s'il s'est servi des mots *acte de partage,* c'est dans le sens de *convention de partage,* et non d'acte instrumentaire exigé pour la constatation de cette convention. D'ailleurs, l'écriture est envisagée par l'article 1341 du Code civil, comme moyen de preuve et non comme solennité, sauf le cas où elle est exigée par la loi comme solennité, par exemple, pour une donation, pour des conventions matrimoniales (MM. Aubry et Rau, t. IV, p. 380, texte et note 6, t. V, p. 700, note 3). .

§ 2. PARTAGE JUDICIAIRE.

Le partage doit être fait en justice et d'après les règles spéciales in-
diquées par la loi, dans trois cas :

Premier cas : Si tous les cohéritiers ne sont pas présents.

Que signifient les expressions *héritiers non présents*, dont se servent
les art. 819, 838 et 840 du Code civil?

On sait que, dans le langage du droit, le mot absent a une signifi-
cation différente de celle du langage ordinaire. L'absent, *sensu stricto*,
est celui qui a disparu de son domicile ou de sa résidence habituelle,
et dont l'existence est incertaine; le mot absent, *sensu lato,* désigne au
contraire une personne qui ne se trouve pas dans son domicile, dans
sa résidence habituelle ou dans le lieu où sa présence est nécessaire,
quoique d'ailleurs on n'ait aucune incertitude sur son existence. Or
les mots *non présents* qui se trouvent dans les articles précités, s'ap-
pliquent non-seulement aux cohéritiers, absents dans le sens légal
du mot, mais encore à ceux qui ne se présentent pas pour concourir
au partage.

Il ne faudrait pas croire cependant que la loi soumette la dis-
pense des voies judiciaires à la présence réelle des cohéritiers ; il résulte évidemment de l'art. 985 du Code de procédure civile, que le
partage peut être fait à l'amiable, lorsque les parties sont dûment représentées, c'est-à-dire qu'elles ont conféré à des mandataires de leur
choix des pouvoirs suffisants pour procéder à un partage conventionnel.

Mais il y aurait nécessité de recourir aux formalités judiciaires, si
l'absent n'était représenté que par ses héritiers présomptifs, envoyés
en possession provisoire, ou par le notaire commis en vertu de l'art.
113 du Code civil, auquel le tribunal aurait donné qualité suffisante
pour provoquer un partage ou pour y défendre (M. Poujol, op. cit.,

p. 37, n° 1, et p. 86, n° 1; Chabot de l'Allier, op. cit., p. 91, n° 2, et p. 165, n° 2 ; MM. Aubry et Rau, t. IV, p. 378, al. 4, et note 2).

Deuxième cas : Lorsque , parmi les héritiers , il y a des mineurs, même émancipés, ou des interdits (C. c., art. 466, 819, al. 2 et 838).

La loi entoure d'une protection particulière les intérêts des mineurs et des interdits. Toutes les fois qu'ils sont appelés au partage définitif d'une succession, ce partage ne peut être fait qu'en justice et conformément à certaines règles spéciales; autrement, il n'est qu'un partage provisionnel (C. c., art. 840).

Troisième cas : Si l'un des cohéritiers, majeurs, présents et maîtres de leurs droits, refuse de consentir au partage, ou qu'il s'élève entre les héritiers des contestations, soit sur le mode d'opérer le partage, soit sur la manière de le terminer (C. c., art. 823).

L'article que nous venons de citer, doit être entendu dans un sens restrictif; il détermine les circonstances dans lesquelles le tribunal statue comme en matière sommaire :

I. Refus de l'un des héritiers de consentir au partage ;

II. S'il s'élève des contestations sur le mode d'y procéder;

III. S'il s'en élève sur la manière de le terminer, c'est-à-dire sur la formation des lots ou leur attribution.

Cette disposition ne doit pas être étendue au-delà des trois hypothèses que nous venons d'indiquer. Ainsi, les contestations soulevées, à l'occasion du partage, soit par les cohéritiers, sur le fond de leurs droits, soit par des tiers, sur la propriété des biens à partager, sont jugées comme en matière ordinaire. La loi n'a eu d'autre but que de faire lever rapidement et à peu de frais les difficultés relatives à l'opportunité ou à la forme du partage; elle ne pouvait accorder la même célérité pour juger des questions de propriété.

Nous avons énuméré les trois cas dans lesquels le partage doit avoir lieu en justice. Il en est ainsi, lors même que la succession à partager ne comprend que des meubles; mais évidemment on ne suit alors que les formalités prescrites quant au mobilier. Les art. 838 et

840 du Code civil ne permettent de faire aucune distinction à cet égard (Chabot de l'Allier, op. cit., p. 168, n° 6 ; M. Poujol, op. cit., p. 88, n° 4).

Mais ici se présente une observation importante :

Il résulte des art. 827 du Code civil et 985 du Code de procédure civile que les héritiers majeurs, jouissant de leurs droits civils, présents ou dûment représentés, peuvent abandonner les voies judiciaires en tout état de cause, et s'accorder pour procéder de telle manière qu'ils aviseront. Dès lors, il leur est toujours loisible de ne pas continuer le partage commencé en justice, de décider à l'amiable les points litigieux qui peuvent encore se présenter, et de remplacer la voie judiciaire par la voie conventionnelle (Chabot de l'Allier, op. cit., p. 104-109 ; M. Poujol, op. cit., p. 52-54 ; MM. Aubry et Rau, t. IV, p. 379, al. 1 et 2).

Après avoir déterminé dans quels cas il y a lieu à un partage judiciaire, il nous reste à examiner :

I. Les principales formalités d'un partage judiciaire.

Comme il s'agit ici d'une simple énumération de formalités de procédure, nous nous contenterons de renvoyer à l'ouvrage de MM. Aubry et Rau, t. IV, p. 387-397.

II. Par qui doivent être supportés les frais d'un partage judiciaire ?

Lors de la première rédaction du Code civil, on avait proposé, à la suite de l'art. 466, un autre article, portant que les frais d'un partage judiciaire sont à la charge du mineur ou de l'interdit qui les rend nécessaires par sa position.

Cette proposition avait paru juste d'abord ; néanmoins elle fut retranchée par des considérations plus équitables encore.

En effet, si la loi exige que, dans le cas de minorité de l'un des cohéritiers, le partage, pour être définitif, soit fait en justice, elle accorde aux majeurs la faculté de demander un partage provisionnel, qui est dispensé des formalités judiciaires : c'est donc volontairement que les majeurs se soumettent aux frais d'un partage judiciaire, qui, du reste, leur offre toutes les garanties d'égalité. Il fut reconnu dès lors que, si le partage en justice est nécessaire, c'est la chose qui doit en supporter les frais.

On peut appliquer la même décision au cas où le partage doit être fait en justice, soit par la non-présence de l'un des cohéritiers, soit par suite du refus de l'un d'eux de consentir au partage : toutefois, il est évident que, si l'un des héritiers élève de mauvaises contestations, il doit supporter seul les frais de ses chicanes (Chabot de l'Allier, op. cit., p. 166, n° 4, et pag. 167, n° 5 ; M. Poujol, op. cit., p. 87, n° 3).

§ 3. PARTAGE DÉFINITIF. — PARTAGE PROVISIONNEL.

Le partage est définitif :

I. En vertu de la volonté des parties ;

II. Au moyen de l'accomplissement des formalités prescrites par la loi, dans les cas où ces formalités sont exigées (C. c., art. 840).

Il a pour but d'opérer définitivement entre tous les héritiers la division de la propriété des biens héréditaires ; chaque copartageant est considéré, dès ce moment, comme ayant toujours été propriétaire du lot qui lui est échu.

Le partage est provisionnel :

I. Par la volonté des parties ;

II. Par suite de l'omission des formalités exigées dans certains cas (C. c., art. 840).

Le partage provisionnel laisse subsister l'indivision quant à la propriété ; il divise uniquement la jouissance de la succession ; en ce sens que chacun des héritiers fait siens les fruits, par lui recueillis, de la portion de biens qu'il a reçue dans son lot. Il n'est donc pas irrévocable, et la demande d'un partage définitif peut toujours être formée tant que la prescription n'est pas acquise (C. c., art. 816).

Mais quel est le véritable sens de l'art. 840? à l'égard de qui le partage, déclaré provisionnel par cet article, est-il réputé tel?

Il s'agit ici d'une question de fait, dont la solution dépend de l'intention des parties, et repose sur la distinction suivante :

1. S'il appert que les héritiers, majeurs, présents et maîtres de leurs droits, ont reconnu que le partage auquel ils allaient procéder avec des cohéritiers mineurs, non présents ou interdits, sans l'observation des formalités spéciales tracées par la loi, ne pouvait être qu'un partage provisoire, et qu'ils se réservaient de faire ultérieurement un partage définitif, un pareil acte ne saurait évidemmeut leur être opposé comme définitif : il n'y a pour toutes les parties qu'une division de jouissance.

2. S'il résulte, au contraire, des termes mêmes de l'acte ou de certains faits particuliers, que les héritiers, présents, majeurs et maîtres de leurs droits, ont voulu diviser la propriété des biens héréditaires, sans l'observation des formalités nécessaires à raison de la qualité des autres cohéritiers, ces derniers seuls pourraient se prévaloir de la disposition de l'art. 840. Ce partage serait donc définitif pour les premiers et provisionnel à l'égard des autres parties, qui seules pourraient demander un nouveau partage.

Quel sera le fondement de cette demande?

Il résulte clairement des termes de l'art. 840 que la loi ne frappe point de nullité le partage conclu avec des cohéritiers non présents, mineurs ou interdits, sans l'observation des formalités judiciaires; elle dit seulement que ce partage est provisionnel. Dès lors, la demande en partage définitif n'a point pour objet de faire annuller ou rescinder le partage provisionnel; ce dernier n'en reste pas moins valable pour le passé, avec tous les effets qu'il a produits, jusqu'à ce qu'il soit remplacé par le partage définitif, sauf le cas où il serait entaché d'une cause particulière de nullité ou de rescision.

L'action en partage définitif n'est donc point soumise à la prescription décennale posée par l'art. 1304 du Code civil; elle ne s'éteint que par le laps de trente ans, depuis le partage provisionnel, sauf les suspensions et interruptions telles que de droit.

Enfin, nous répéterons ici l'observation que nous avons déjà faite au chap. 1er, § 4, p. 15 : Les partages provisionnels ne sont soumis à aucune des formalités dont parle l'art. 840, même dans le cas où il y a des héritiers non présents, ou mineurs, ou interdits : ce sont des actes de pure administration (MM. Aubry et Rau, t. IV, pag. 381 - 387; Chabot de l'Allier, op. cit., p. 172 - 177; M. Poujol, op. cit., p. 92 - 97).

CHAPITRE III.

Effets juridiques du partage.

Le partage n'est point translatif de propriété; c'est là un principe fondamental, que nous développerons dans un premier paragraphe. Nous traiterons ensuite de la garantie qui existe entre les copartageants; ce sera l'objet du deuxième paragraphe.

§ 1er. LE PARTAGE N'EST POINT TRANSLATIF, MAIS DÉCLARATIF DE PROPRIÉTÉ.

Le Droit romain avait admis en principe que le partage est toujours, d'une part une aliénation, et de l'autre une acquisition; *Divisionem prædiorum vicem emptionis obtinere placuit* (C. livre 3, titre 38, c. 1). Chaque héritier acquérait les droits indivis de ses cohéritiers dans les objets qui composaient son lot.

De là une conséquence fâcheuse, mais nécessaire :

L'immeuble échu à un héritier restait grevé de toutes les hypothèques, qui auraient été consenties par l'un ou l'autre de ses cohéritiers, sur la portion indivise à eux appartenant dans cet immeuble
avant le partage : *Si fundus communis nobis sit, sed pignori datus a me, ve-
nit quidem in communi dividundo, sed jus pignoris creditori manebit, etiam si
adjudicatus fuerit* (D. livre 10, tit. 3, loi 6, § 8). Cette disposition était
injuste et donnait lieu à une foule d'actions et de recours.

Notre ancienne jurisprudence française, dans le but de garantir les
partages contre l'avidité de la fiscalité féodale, introduisit un principe contraire ; les partages ne furent plus envisagés comme translatifs,
mais simplement comme déclaratifs de propriété.

Cette doctrine plus équitable et surtout plus conforme à la véritable nature du droit de copropriété, a été formellement consacrée par
l'art. 883 du Code civil. Ce n'est point le partage qui transfère aux
héritiers la propriété des objets qui leur échoient. Il n'a qu'un effet
rétroactif qui remonte à l'ouverture de la succession ; car, dès cette
ouverture, chaque héritier est réputé saisi des objets qui lui aviennent
plus tard par le partage : le partage ne tend donc qu'à remplacer la
part idéale de chaque héritier dans les biens de la succession, par
une portion matériellement déterminée.

L'art. 883 met la licitation sur la même ligne que le partage. Il faut
néanmoins qu'elle soit faite au profit de l'un des cohéritiers, et non
au profit d'un étranger ; dans le cas contraire, ce ne serait plus un
partage entre héritiers, mais une aliénation faite par chacun d'eux de
sa part indivise de l'immeuble licité. Il faut de plus qu'elle ait pour
effet de faire cesser, relativement à tous les héritiers, l'indivision, soit
de l'hérédité toute entière, soit de l'un ou de l'autre des objets qui en
dépendent.

Moyennant cette dernière condition, tout acte, à titre onéreux, peut
être assimilé au partage. Telle serait encore la cession de droits successifs, faite à l'un des cohéritiers par tous les autres, pourvu que l'indivision disparaisse d'une manière absolue : il faut en outre qu'elle

soit faite à titre onéreux, car ce caractère est de l'essence du partage.

Plusieurs conséquences importantes résultent du principe posé par l'art. 883 :

I. Les hypothèques et les servitudes, consenties par l'un des héritiers sur un ou sur plusieurs immeubles de la succession, ou même sur sa part indivise dans la totalité ou dans une partie de ces immeubles, s'évanouissent, lorsque, par l'effet du partage, les immeubles grevés passent aux mains de ses cohéritiers, ou si le débiteur n'a dans son lot que des objets mobiliers.

Quant au sort de ces hypothèques, relativement aux immeubles échus à l'héritier qui les avait consenties, il faut distinguer entre les hypothèques générales et les hypothèques spéciales. Ainsi, le lot d'immeubles échu au cohéritier débiteur, serait, sans distinction, frappé nécessairement de l'hypothèque légale ou judiciaire obtenue contre lui, antérieurement au partage (l'une et l'autre s'étendent à tous les biens présents et à venir), ou de l'hypothèque coventionnelle, qui aurait été constituée sur tous les immeubles de la succession, spécialement déclarés.

Mais l'hypothèque conventionnelle, établie sur un ou sur plusieurs immeubles de la succession spécialement désignés, s'évanouit d'une manière absolue, lorsqu'aucun de ces immeubles n'échoit à l'héritier débiteur, et ne saurait être transportée aux immeubles non hypothéqués, compris dans son lot : la proposition contraire violerait le principe posé par l'article 2129 du Code civil. Les créanciers, en pareil cas, n'ont que la ressource qui leur est donnée par l'art. 2131, de poursuivre immédiatement le remboursement de leur créance, ou d'exiger un supplément d'hypothèque. Au reste, ils ne peuvent se plaindre d'aucune fraude, d'aucune surprise ; ils savaient que l'hypothèque qu'ils obtenaient contre l'héritier, n'était qu'un droit éventuel, soumis, quant à son efficacité, à l'évènement du partage ; d'un autre côté, l'art. 882 du Code civil leur donne la faculté de veiller à la conservation de leurs droits, et de se prémunir contre un partage qui pourrait être frauduleux.

II. Le cohéritier, auquel est dûe une soulte, ne peut, en cas de non-paiement, invoquer l'action en résolution, accordée au vendeur par l'article 1654 du Code civil : son droit est garanti par un privilége (C. c., art. 2103, n° 3 et 2109).

III. On peut encore citer comme une confirmation du principe consacré par l'article 883 du Code civil, la disposition de la loi du 28 avril 1816, art. 45, n° 3, qui a modifié celle du 22 frimaire an VII, art. 68, § 3, n° 2, et d'après laquelle le partage n'est point soumis au droit d'enregistrement proportionnel exigé pour la vente, mais à un droit fixe, sauf le cas où il y a soulte (MM. Aubry et Rau, t. IV, p. 397-402, t. Ier, p. 410 et 411 ; Toullier, op. cit., p. 560-563 ; M. Poujol, op. cit., p. 348-353 ; Chabot de l'Allier, op. cit., p. 666-672).

§ 2. GARANTIE.

I. Quel est l'objet de cette garantie ?

Les cohéritiers demeurent respectivement garants les uns envers les autres :

1. De toute éviction des objets compris dans le lot de chacun d'eux ;

M. Chabot de l'Allier, op. cit., p. 673, n° 2, indique nettement ce qu'il faut entendre par *éviction*. L'éviction, dit cet auteur, est l'abandon que le possesseur est obligé de faire de tout ou de partie de la chose qu'il possède, par suite d'une action réelle exercée contre lui par un tiers. Un droit de servitude, un droit d'usufruit, que le possesseur est obligé de souffrir au profit d'un tiers, est une éviction de partie de la chose, puisqu'il y a démembrement, soit d'une partie de la propriété, soit d'une partie de la possession.

2. De tout trouble apporté à la jouissance du possesseur ;

Il ne peut être question ici d'un trouble qui a lieu par voie de fait, mais d'un trouble de droit, c'est-à-dire d'une attaque judiciaire ou extrajudiciaire, dirigée contre une chose, en vertu d'un droit que l'auteur du trouble invoque sur cette chose. Le trouble de fait ne suppose, de la part de l'auteur, aucun droit sur la chose, et ne peut par conséquent donner lieu à une action en garantie : c'est au possesseur attaqué à se défendre.

Mais il faut que l'éviction ou le trouble procède d'une cause antérieure au partage (C. c., art. 884, al. 1er).

3. De l'existence, au jour du partage, des créances héréditaires attribuées à chacun des héritiers ;

Il faut comprendre par ce mot *existence* non-seulement l'existence proprement dite de la créance, mais encore sa légitimité (MM. Aubry et Rau, t. II, p. 560, n° 3 et note 23).

4. De la solvabilité, à cette époque, des débiteurs de ces créances ;

Vainement arguerait-on de la disposition de l'art. 1694 du Code civil, pour rejeter cette proposition. Le copartageant dont le lot comprend des créances, n'est point réputé cessionnaire de ses cohéritiers. D'un autre côté, l'article 886 du Code civil a admis la garantie de la solvabilité quant aux rentes ; le même principe d'égalité n'existe-t-il pas pour les créances ?

Quant à la durée de la garantie, nous verrons plus loin si elle est de cinq ans, comme pour les rentes, ou de trente ans.

5. De la contenance des immeubles tombés dans le lot de l'un ou de l'autre des héritiers ;

Mais il faut, pour qu'il y ait lieu à garantie, que les immeubles aient été estimés à raison de leur contenance ; s'ils avaient été attribués d'après leur nature, abstraction faite de leur contenance, l'action en garantie n'existerait pas, sauf la voie de rescision, qui pourrait être invoquée pour le cas d'une lésion de plus d'un quart.

Enfin, l'art. 884 al. 1er ne parlant que de la garantie de trouble et d'éviction, les héritiers ne sont point garants entre eux des défauts cachés des objets partagés ; le recours ne serait admis que par suite d'une lésion de plus d'un quart.

II. Quelle est la nature de cette garantie ?

L'art. 884 al. 1er du Code civil pose le principe de la garantie entre héritiers d'une manière générale et absolue. Il n'est donc pas nécessaire qu'elle soit stipulée dans les actes de partage ; elle existe de plein droit, soit que les partages aient été faits en justice, soit qu'ils aient eu lieu à l'amiable, en faveur des majeurs comme à l'égard des mineurs. La loi n'a fait aucune distinction ; la garantie est le fondement de l'égalité qui est l'âme des partages.

Cette obligation de garantie consiste en ce que tous les cohéritiers sont tenus de faire cesser le trouble qu'éprouve le cohéritier garanti, et, s'il y a lieu, de l'indemniser de la perte que lui a causée l'éviction.

Comment se calcule cette indemnité ?

Pothier (t. III, Traité du contrat de vente, part. VII, art. VI, n° 633) enseigne qu'elle doit être réglée d'après la valeur qu'avait, au moment du partage, l'objet dont l'héritier a été évincé.

Mais cette opinion ne peut plus être soutenue aujourd'hui, en présence de la disposition formelle de l'art. 885, qui prescrit d'indemniser l'héritier de la perte que lui a causée l'éviction. Or, cette perte est évidemment celle de la valeur qu'avait l'objet au moment de l'éviction, et non pas celle de la valeur au moment du partage : l'immeuble, dont l'héritier a été évincé, et qui, lors du partage, valait 2000 francs, peut avoir, au moment de l'éviction, une valeur de 3000 francs ; dès lors l'héritier évincé subit non pas une perte de 2000 francs, mais une perte réelle de 3000 francs. D'ailleurs, après le partage, chaque héritier supporte seul la dépréciation des objets compris dans son lot, pourquoi ne profiterait-il pas aussi des avantages qui peuvent survenir ?

L'art. 885 indique en même temps de quelle manière doit être répartie entre les héritiers l'indemnité à laquelle a droit l'héritier évincé.

Chacun y est obligé personnellement, en proportion de sa part héréditaire. Ce principe est le même que celui de l'art. 873 ; seulement le législateur n'a point ajouté dans l'art. 885 les termes *et hypothé-*

cairement pour le tout. Sans doute, le droit qu'a l'héritier évincé de réclamer le paiement de l'indemnité, est garanti par un privilége sur les immeubles échus à ses cohéritiers (C. c., art. 2103, al. 5); mais ce privilége ne peut être exercé contre chaque cohéritier que jusqu'à concurrence de la portion d'indemnité qu'il doit personnellement.

C'est encore pour maintenir une stricte égalité entre les parties, que l'alinéa 2 de l'art. 885 ajoute : Si l'un des cohéritiers se trouve insolvable, la portion dont il est tenu doit être également répartie entre le garanti et tous les cohéritiers solvables.

III. Exception à l'obligation de la garantie entre cohéritiers (C. c., art. 884).

Il n'y a point lieu à garantie, dans trois cas :

1. Lorsque le trouble ou l'éviction soufferts par l'un des héritiers procèdent d'une cause postérieure au partage ;

Dès que le partage est consommé, tous les biens échus aux héritiers sont à leurs risques et périls ; s'agirait-il même d'une perte totale, on appliquerait la maxime *res perit domino.* Il n'y a qu'une cause d'éviction ou de trouble, antérieure au partage, qui puisse donner ouverture à une demande en indemnité ;

2. Si l'espèce d'éviction soufferte a été exceptée par une clause particulière et expresse de l'acte de partage ;

Ces termes sont essentiellement restrictifs. Il faut en conclure qu'il ne serait point permis de déroger au principe de la garantie, par une clause générale. La clause doit être expresse et particulière : tel serait le cas d'un droit de vue, existant au profit d'un immeuble échu à un cohéritier sur l'héritage voisin ; on peut convenir, par une clause expresse, que le cohéritier soutiendra, à ses risques et périls, les contestations qui pourront s'élever, sans qu'il ait droit à une indemnité en cas d'éviction. Mais une pareille clause, tout en enlevant au cohéritier évincé le droit de se pourvoir en garantie, ne lui ôterait pas la faculté de demander la rescision du partage, si l'éviction entraînait une lésion de plus du quart de sa portion héréditaire.

IV. Prescription.

L'action en garantie entre les cohéritiers s'éteint par la prescription trentenaire : les trente ans commencent à courir à dater de l'éviction ou du trouble (C. c., art. 2257, al. 3 et 2262).

Par exception à cette règle générale, la garantie à raison de l'insolvabilité, lors du partage, du débiteur d'une rente, ne dure que cinq ans depuis la date du partage (C. c., art. 886). Mais cette dernière disposition est exceptionnelle, et ne doit pas être étendue au-delà de ses limites, *exceptio est strictissimæ interpretationis*. D'où il résulte qu'elle n'est applicable :

1. Ni au cas où l'action en garantie repose sur la non-existence, au jour du partage, de la rente attribuée à un cohéritier ;

2. Ni à celui où elle est fondée sur l'insolvabilité, au jour du partage, du débiteur d'une créance dont le capital est exigible. M. Poujol, op. cit., p. 365 et 366, professe une opinion contraire.

Dans les deux cas, selon nous, on revient à la règle générale, c'est-à-dire à la prescription trentenaire (MM. Aubry et Rau, tome IV, p. 402-407 ; Chabot de l'Allier, op. cit., p. 672-695 ; M. Poujol, op. cit., p. 353-365 ; Toullier, op. cit., p. 563-566).

CHAPITRE IV.

Voies de recours contre le partage.

Suivant l'art. 887 du Code civil, les causes de rescision des partages sont au nombre de trois :

I. La violence. II. Le dol. III. La lésion de plus du quart.

Les rédacteurs du Code, dans cette disposition, ont évidemment

6

confondu les termes par lesquels on désigne l'action en nullité et l'action en rescision. La même observation résulte de la comparaison des articles 1110, 1111, 1113, 1116 et 1117 : les quatre premiers articles portent que l'erreur, la violence et le dol sont des causes de nullité, tandis que, d'après l'article 1117, ils donnent lieu à une action en nullité ou en rescision.

Il importe cependant de distinguer nettement ces deux actions :

L'action en rescision suppose la lésion; l'action en nullité est fondée sur ce que la convention manque des conditions nécessaires à sa validité : la première n'exige que la preuve de la lésion; dans la seconde, le demandeur doit prouver l'absence de l'une ou de l'autre des conditions, prescrites pour la validité de la convention, et sa demande est recevable, bien qu'il n'ait à se plaindre d'aucune lésion (MM. Aubry et Rau, t. II, p. 425-427, t. IV, p. 407, note 1).

En rapprochant les art. 887-893 de l'art. 882 du Code civil, on voit donc que les partages peuvent être attaqués par trois moyens :

I. Par l'action en nullité ;

II. Par l'action en rescision ;

III. Par l'action révocatoire.

§ 1er. ACTION EN NULLITÉ.

1. Quelles sont les causes de nullité?

L'art. 887 al. 1er du Code civil, indique deux causes de nullité : la violence et le dol.

C'est avec raison qu'il ne mentionne pas l'erreur, tandis que, suivant l'art. 1110, elle est une cause de nullité de la convention, lorsqu'elle tombe sur la substance même de la chose qui en est l'objet.

Ici, en effet, l'erreur se confond le plus souvent avec la lésion; ou bien, elle peut être réparée, sans qu'il soit nécessaire de se pourvoir en nullité contre le partage. Voici les principales hypothèses qui peuvent se présenter :

1. Si l'erreur porte sur la valeur des biens qui composent les différents lots, il y a lieu à une action en rescision, pourvu que la lésion soit de plus du quart (C. c., art 887, al. 2) ;

2. La simple omission d'un objet de la succession ne donne ouverture qu'à un supplément de partage (C. c., art. 887, al. 2) ;

3. Si l'on a compris dans le partage, des biens étrangers à la succession, il y aurait ouverture à l'action en garantie d'éviction contre la revendication des propriétaires (C. c., art. 884, al. 1er) ;

4 et 5. Il se peut enfin, que l'un des copartageants ait porté indûment le titre d'héritier; ou bien, qu'il ait concouru au partage pour une moitié, tandis qu'il n'avait réellement droit qu'à un quart de la succession.

Pour ces deux dernières hypothèses, trois opinions différentes ont été émises :

La première admet, d'après les règles du droit commun, la voie de l'action en nullité ;

La seconde distingue si l'erreur, relative à la quotité de la portion échue à l'un des cohéritiers, provient d'un dol; ou si elle n'est pas accompagnée de manœuvres criminelles : au premier cas, on doit appliquer l'alinéa 1er de l'art. 887 ; le second cas rentrerait dans l'action en rescision, pourvu que la lésion fût de plus du quart (Chabot de l'Allier, op. cit., p. 698 et 699 ; M. Poujol, op. cit., p. 377, n° 4);

La troisième (MM. Aubry et Rau, t. IV, p. 408, texte et note 4) paraît la plus conforme aux principes qui régissent la nature même du partage. Le partage n'est que déclaratif de propriété ; les héritiers ne tiennent pas du partage même la propriété des biens qui leur sont échus ; cette propriété repose sur un titre antérieur, qui doit servir de base au partage. Dès lors, un partage qui n'est point en harmonie avec ce titre, est à considérer comme non avenu, et, dans les deux hy-

pothèses ci-dessus, l'étranger, qui s'est immiscé indûment dans ce partage, ou le cohéritier, qui a reçu un lot excédant la quotitié à laquelle
il avait droit, seront poursuivis par l'action en pétition d'hérédité.

II. Fins de non recevoir?

1. La nullité du partage, résultant de la violence ou du dol, peut
être couverte au moyen d'une confirmation de l'acte, expresse ou tacite, faite après la cessation de la violence ou la découverte du dol,
en connaissance du vice dont la convention est entachée, et dans l'intention de le réparer (C. c., art. 1338, al. 1 et 2; MM. Aubry et Rau,
t. II, p. 450, al. 3, p. 455, texte et note 20, t. IV, p. 409, al. 2).

2. L'action en nullité du partage, sauf les interruptions et suspensions de droit, est soumise à la prescription ordinaire de dix ans, établie par l'alinéa 1er de l'art. 1304 du Code civil; cette prescription,
alinéa 2 du même article, court soit du jour où la violence a cessé,
soit du jour de la découverte du dol.

3. Une troisième exception résulte de l'art. 892 du Code civil. Le
cohéritier qui a aliéné son lot, en tout ou en partie, n'est plus recevable à intenter l'action en nullité, si l'aliénation est postérieure à la
découverte du dol ou à la cessation de la violence.

M. Chabot de l'Allier (op. cit., p. 723, n° 1), et M. Poujol, (op. cit.,
p. 400, n° 1), fondent la nature de cette exception sur une double
considération :

D'une part, disent ces auteurs, l'héritier, qui a aliéné son lot, rend
un nouveau partage impossible, puisqu'il ne peut rapporter à la nouvelle masse à former, les biens qu'il a aliénés; d'autre part, l'aliénation est à considérer comme une confirmation tacite, résultant de l'exécution volontaire du partage.

Mais le premier motif ferait supposer que le rapport des biens aliénés, à la masse du nouveau partage, doit se faire nécessairement en
nature, tandis que rien ne s'oppose à ce que ce rapport se fasse en
moins prenant. Le second repose sur une fausse interprétation de
l'art. 1338 du Code civil. L'exécution d'un acte, *sensu stricto*, s'entend

de l'accomplissement des obligations, ou de l'acceptation des prestations qui ont été imposées par cet acte aux parties; or, quelle est l'obligation résultant du partage, que remplit, à l'égard de ses cohéritiers, celui qui aliène les biens à lui échus? Il en serait autrement dans le cas de paiement d'une soulte.

L'exception, consacrée par l'art. 892, est donc plutôt à considérer comme un cas spécial, et ne paraît pas dépendre du principe posé par l'art. 1338, sur la confirmation tacite, résultant de l'exécution volontaire du partage. Le cohéritier, dans l'espèce établie par l'art. 892, est censé avoir tacitement renoncé à l'action en nullité, résultant du vice dont le partage était entaché (MM. Aubry et Rau, t. IV, p. 409, al. 2 et note 6).

4. L'action en nullité ne saurait être repoussée au moyen de la faculté accordée, par l'art. 891 du Code civil, au défendeur à la demande en rescision. La disposition de cet article reste applicable au seul cas de la rescision pour cause de lésion, et ne doit pas être étendue à l'action en nullité pour cause de dol ou de violence.

Cette opinion, qui n'est point suivie par M. Poujol (op. cit., p. 396, n° 3), est celle de M. Chabot de l'Allier (op. cit., p. 721, n° 4), de M. Toullier (t. IV, p. 568, n° 572), et de MM. Aubry et Rau (t. IV, p. 411, texte et note 8). Elle paraît, au reste, conforme à la maxime de droit : *nemo ex suo delicto meliorem conditionem sibi facere debet.*

III. Effets du jugement qui prononce la nullité du partage?

Nous examinerons ces effets, en nous occupant de l'action en rescision. Il suffit de rappeler ici le principe, que le jugement, qui prononce la nullité d'un partage, remet les choses dans le même état où elles se trouvaient avant cet acte.

§ 2. ACTION EN RESCISION.

I. Cause de rescision?

La lésion, en général, ne vicie point les conventions (C. c., art. 1118 et 1313).

Mais, après avoir posé l'égalité comme l'essence des partages, le législateur devait, en même temps, employer tous les moyens pour assurer cette égalité, et pour la rétablir, dans les cas où elle a été violée.

En conséquence, l'alinéa 2 de l'article 887 porte qu'il y a lieu à rescision du partage, lorsqu'un des cohéritiers établit, à son préjudice, une lésion de plus du quart. La moindre lésion ne suffit donc pas, pour donner ouverture à l'action en rescision; il ne fallait point, pour un intérêt modique, jeter, pendant dix ans, l'incertitude sur un acte aussi important qu'un partage de succession : la loi a voulu déterminer elle-même la mesure du recours à exercer; la lésion doit excéder le quart de la portion à laquelle le cohéritier lésé a droit.

II. Recevabilité de l'action en rescision?

1. Nous avons vu, page 35, que, pour produire les effets déterminés par l'art. 883 du Code civil, le partage doit faire cesser l'indivision soit de l'hérédité toute entière, soit de l'un ou de l'autre des objets qui en font partie, d'une manière absolue, c'est-à-dire relativement à tous les héritiers. Il n'en est plus de même, lorsqu'il s'agit de la recevabilité de l'action en rescision pour cause de lésion. Peu importe que la lésion résulte d'un acte, qui a fait sortir de l'indivision tous les héritiers, ou d'un acte, qui a opéré le partage entre quelques-uns seulement : il est certain qu'il y a eu partage, et, dans le cas où il existe une lésion de plus du quart au préjudice de l'un des copartageants, il doit être admis à se pourvoir par l'action en rescision (MM. Aubry et Rau, t. IV, p. 398, note 2, p. 411, al. 3 et note 10, p. 412, note 11).

2. La loi a dû prévoir le cas où les parties, en vue de soustraire le partage à l'action en rescision pour cause de lésion, auraient déguisé leur convention, sous la forme d'un autre contrat; aussi l'alinéa 1er de l'art. 888 du Code civil déclare l'action en rescision recevable contre tout acte, qui a pour objet de faire cesser l'indivision entre cohéritiers, encore qu'il soit qualifié de vente, d'échange et de transaction, ou de toute autre manière (sauf les restrictions que nous indiquerons plus loin).

3. Les partages judiciaires sont, aussi bien que les partages conventionnels, soumis à l'action de rescision pour cause de lésion. Sans doute, il est permis de présumer qu'en règle générale, l'égalité d'un partage fait en justice, est garantie au moyen des mesures prescrites par la loi; néanmoins, l'égalité peut avoir été violée, et l'art. 887, al. 2, ne fait aucune distinction (Chabot de l'Allier, op. cit., p. 707, n° 3).

Il faut ajouter cependant que, dans le cas où la justice eût été appelée à décider une contestation relative aux opérations du partage, le jugement, une fois passé en force de chose jugée, serait à l'abri de toute attaque, et l'action en rescision, intentée contre le partage, ne pourrait y porter aucune atteinte (MM. Aubry et Rau, t. IV, p. 417, al. 1er et notes 20-22).

III. Fins de non recevoir?

1. L'art. 889 établit une première exception à la règle générale posée par l'art. 888 al. 1er. L'action en rescision n'est pas admise contre une vente de droits successifs, faite sans fraude à l'un des cohéritiers, à ses risques et périls, par ses autres cohéritiers ou par l'un d'eux.

Une pareille vente constitue un véritable contrat aléatoire; mais il faut, pour cela, le concours de trois conditions:

1° La cession doit comprendre, non point certains objets spécialement désignés, mais l'intégralité ou une quote-part de la portion héréditaire du cédant;

2° La cession doit être faite aux risques et périls du cessionnaire, c'est-à-dire sans aucune garantie de la part du cédant, à raison de l'étendue des forces et dettes de l'hérédité;

3° Il faut que la vente soit faite sans fraude, c'est-à-dire que le cessionnaire n'ait pas eu seul une connaissance exacte des forces et charges de la succession, tandis que le cédant aurait été dans une ignorance complète à cet égard. Un héritier, connaissant l'état de la succession, pourrait profiter de l'ignorance où se trouve l'un de ses cohéritiers, et obtenir, par fraude, une cession qui ne lui présenterait aucun risque (Chabot de l'Allier, op. cit., p. 714-717; M. Poujol, op. cit., p. 390-393; Toullier, t. IV, p. 571, n° 579; MM. Aubry et Rau, t. IV, p. 413, texte et notes 13 et 14, p. 414, note 15).

2. La règle générale, posée par l'art. 888 al. 1er, reçoit une nouvelle exception dans l'alinéa 2 du même article:

L'action en rescision n'est point admise contre la transaction faite, après le partage, sur les difficultés réelles que présentait le partage. Elle ne le serait pas non plus contre une transaction, antérieure au partage, par laquelle les parties auraient réglé leurs droits et obligations réciproques dans l'hérédité commune.

La disposition de l'alinéa 1er de l'article 888 n'est applicable, qu'autant que la transaction peut être envisagée comme un acte de partage; or, dans les deux cas indiqués, la transaction n'a point pour objet de faire cesser l'indivision; dès lors, on retombe sous l'application du principe général établi par l'art. 2052 du Code civil (MM. Aubry et Rau, t. IV, p. 414 texte, p. 415, texte et note 17, p. 416, texte et note 18).

3. L'action en rescision, pour cause de lésion de plus du quart, n'est point recevable contre la licitation, par laquelle un étranger s'est rendu adjudicataire de la succession. Nous avons vu, page 35, qu'en pareil cas, la licitation n'est point un partage.

4. La confirmation, tacite ou expresse, du partage, faite en connaissance de la lésion, et avec l'intention de renoncer à l'action en rescision, qui en résultait, rend cette action non admissible (MM. Aubry et Rau, t. IV, p. 419, texte et note 31).

5. L'aliénation faite par le cohéritier lésé, après la connaissance de la lésion, n'est point, comme pour l'action en nullité (art. 892), un obstacle absolu à l'admission de l'action en rescision. Mais le juge est autorisé à apprécier les circonstances, par lesquelles on établirait que l'aliénation a été faite en connaissance de la lésion, et qu'ainsi elle emporte, contre le demandeur en rescision, une renonciation tacite au recours qui lui était ouvert (Toullier, t. IV, p. 573, n° 583 ; MM. Aubry et Rau, t. IV, p. 419-423, texte et notes 32 et 33).

6. Le défendeur à la demande en rescision peut en arrêter le cours, et empêcher un nouveau partage, en offrant et en fournissant au demandeur le supplément de sa portion héréditaire, soit en numéraire, soit en nature (C. c. art. 891). La même faculté résulte des art. 1166 et 1682 al. 2 du Code civil, au profit du tiers-possesseur d'immeubles héréditaires aliénés par le défendeur en rescision, et au profit des créanciers de ce dernier (Toullier, t. IV, p. 569, n° 574 ; M. Poujol, op. cit., p. 398, n° 4).

7. L'action en rescision pour cause de lésion se prescrit par dix ans (C. c., art. 1304, al. 1er). Quel est le point de départ de ce délai ?

Il faut distinguer entre les majeurs et les mineurs ou interdits

Pour les premiers, les dix années courent à dater du partage, et non à partir de la découverte de la lésion. Il est vrai que le délai de prescription, pour l'action en nullité, ne court point, à partir du partage, mais du moment de la cessation de la violence ou de la découverte du dol ; mais ici, les motifs ne sont plus les mêmes : le cohéritier lésé a, dès que le partage est consommé, la faculté de vérifier si cet acte porte atteinte à ses droits ; au contraire, dans le cas de violence ou de dol, la partie lésée est dans l'impossibilité d'agir, tant que la violence ou le dol n'ont point cessé.

Quant aux mineurs et aux interdits, le délai de la prescription ne court point à dater du partage, ainsi que le pense M. Toullier, t. IV, p. 574, n° 585, mais à partir de la majorité ou de la levée de l'interdiction : l'alinéa 3 de l'art. 1304 du Code civil ne fait aucune distinction à cet égard, et l'art. 2252 suspend le cours de la prescription, en faveur des mineurs et des interdits. Il est, du reste, bien entendu que nous supposons le partage fait avec l'observation des formalités exigées par la loi : au cas contraire, il n'est pas nécessaire de former une action en rescision; le partage est réputé provisionnel (C. c., art. 840), et reste soumis, pendant trente ans, à une demande en partage définitif (MM. Aubry et Rau, t. IV, p. 423 et 424, texte et notes 34 et 35).

IV. Appréciation de la lésion?

Pour juger s'il y a eu lésion, on estime les objets suivant leur valeur à l'époque du partage (C. c., art. 890). Il est évident que les augmentations et les diminutions de valeur, survenues depuis le partage, ne peuvent influer sur cette estimation : dès le partage, elles sont pour chaque héritier personnellement des chances de profits et de pertes.

Il est loisible au juge, soit d'ordonner la rescision d'après sa propre estimation ou moyennant une expertise préalable, soit de rejeter, sans expertise, une demande en rescision fondée sur une prétendue lésion qui n'existe évidemment pas (MM. Aubry et Rau, t. IV, p. 417, al. 2, p. 418, texte et notes 23, 24 et 25).

V. Effets de la rescision du partage?

1. Dès que la rescision est prononcée, l'indivision de l'hérédité se trouve rétablie; les cohéritiers sont remis au même état où ils étaient avant le partage, et chacun d'eux peut demander un nouveau partage des biens héréditaires;

2. Chaque héritier doit rapporter à la nouvelle masse à former, les objets qui sont tombés dans son lot.

Ce rapport s'exerce en moins prenant, pour les meubles corporels qui sont entre les mains de tiers possesseurs. Quant au rapport des immeubles aliénés, il faut distinguer entre le demandeur et le défendeur en rescision :

Le demandeur ne peut, par son propre fait, paralyser les effets de l'aliénation qu'il a consentie; dès lors, le rapport se fait, quant à lui,

en moins prenant. Mais les immeubles aliénés par les cohéritiers défendeurs à l'action en rescision, doivent être rapportés en nature :
cette aliénation était soumise à une condition résolutoire, dont l'accomplissement opère une révocation *ex tunc* (C. c., art. 1183). Il en
est de même, en vertu de l'art. 2125 du Code civil, quant aux hypothèques que les défendeurs en rescision ont consenties sur les immeubles qui leur étaient échus : ces hypothèques s'évanouissent, à
moins que les mêmes immeubles ne soient compris, par suite du
nouveau partage, dans le lot des héritiers qui les avaient hypothéqués.

3. Chaque cohéritier, à partir du jour de la demande en rescision,
doit compte à la masse, des fruits et intérêts par lui perçus (MM. Aubry et Rau, t. IV, p. 418 et 419, texte et notes 26, 27 et 28).

§ 3. ACTION RÉVOCATOIRE.

En combinant les art. 882 et 1167 al. 1er du Code civil, on voit
que les créanciers d'un cohéritier, outre le droit qu'ils ont d'intervenir, à leurs frais, dans le partage, peuvent s'opposer, en leur nom
personnel, à ce qu'il y soit procédé hors leur présence, et attaquer,
pour cause de fraude, le partage qui aurait été consommé ; mais cette
dernière faculté exige pour condition essentielle, que le créancier ait
fait signifier son opposition, antérieurement au partage, non seulement
au cohéritier, qui est son débiteur, mais à tous les héritiers indistinc-
tement, et que le partage ait eu lieu au mépris de cette opposition.

D'un autre côté, la déchéance que le créancier encourrait de la faculté d'attaquer, en son nom personnel, le partage fait en fraude de
ses droits, ne l'empêcherait pas d'exercer, au nom de son débiteur,
l'action en nullité ou l'action en rescision, résultant à ce dernier, soit
de la violence ou du dol, soit d'une lésion de plus du quart (C. c.,
art. 1166 ; MM. Aubry et Rau, t. IV, p. 424-429).

JUS ROMANUM.

ACTIO VEL JUDICIUM FAMILIÆ ERCISCUNDÆ.

I. Quid sit actio vel judicium familiæ erciscundæ?

Actio familiæ erciscundæ est actio in personam, civilis, bonæ fidei, mixta, quâ cohæredes inter se agunt de communis hæreditatis divisione.

Mixtam esse dicimus, non quia partìm in rem, partìm in personam hanc actionem judicamus, sed quia judicium duplex videtur, in quo uterque actoris et rei partes sustinet, ità ut is actor intelligatur, qui prior ad judicium consortes provocavit.

Mixtam quoque putamus, quia in judicio *familiæ erciscundæ*, velut in judiciis *communi dividundo* et *finium regundorum*, licet judici rem alicui litigatorum, ex bono et æquo, adjudicare, et si unius pars prægravari videbitur, eum invicem certâ pecuniâ alii condemnare.

Hæc actio è lege duodecim tabularum proficiscitur : *familia*, hoc loco, hæreditatem significat, et *erciscere*, prisco loquendi modo, idem est quod dividere (I. lib. 4, tit. 6. § 20, 28; D. lib. 10, tit. 2, l. 2 § 3, l. 1 pr., tit. 3, l. 2 § 1).

II. Quæ causa hujus actionis?

Si conveniat intra certum tempus divisionem non fieri, valet; sin autem conveniat ne omninò divisio fiat, nulla vis hujusmodi pacto.

Quotiescumquè duo pluresve ex testamento, vel ab intestato, alicui hæredes existunt, per aditionem hæreditatis domini fiunt omnium rerum hæreditariarum et communio inter eos intercedit, quamdiù per actionem familiæ erciscundæ ab indivisione non discedunt.

Potest autem unus, cæteris invitis, divisionem provocare. Nemo in communione manere cogitur; nulla in æternum societatis coïtio est, quia communio lites et jurgia parit, civitatis tranquillitati contraria (D. lib. 10, tit. 3, l. 14 § 2, tit. 2, l. 43, lib. 17, tit. 2, l. 70).

Ex his apparet actionem familiæ erciscundæ inter solos cohæredes locum habere, sive ex testamento, sive ab intestato (D. lib. 10, tit. 2, l. 24 § 1).

III. Quæ res in hanc actionem veniant?

In hoc judicium veniunt generaliter omnia bona, tàm soli, quàm mobilia, sive in defuncti hæreditate sint, sive ejus occasione et usucapione acquisita.

Excipiuntur tamen judicio:

1. Mala medicamenta et venena. In hæreditate quidem inveniri possunt; sed judex omninò se interponere in his non debet, ut boni viri officio fungatur;

2. Libri improbatæ lectionis;

3. Quæcunque damnum afferre vel mores lædere possunt.

Tabulæ testamenti ad cum pertinent qui ex majore parte hæres est.

Sunt deniquè res quæ in judicium non veniunt, quia naturâ vel lege indivisibiles judicantur, scilicet equus aut servitus. Equum familiæ erciscundæ judex uni hæredum adjudicabit, compensatione invicem factâ, aut, licitatione admissâ, pretium inter omnes dividetur: item, servitus fundi ei dabitur qui fundum accipiet; nam servitus individua est et omnes partes fundi sequitur (D. lib. 10, tit. 2, l. 4 § 1, 3; C. lib. 3, tit. 37, constit. 3).

IV. Quænam est forma divisionis?

Extra judicium, id est, communi consensu hæredum, vel per sententiam judicis, divisio hæreditatis fieri potest.

Familiæ erciscundæ judicium ex duobus constat : divisione hæreditatis et præstationibus (D. lib. 10, tit. 2, l. 22 § 4).

1. De divisione hæreditatis :

Officii judicis est singulas res singulis hæredibus adjudicare, pro parte uniuscujusque, et nulla indivisa relinquere.

Quùm res divisionem facilem recipit, judex diversas partes cuique hæredi adjudicare potest, et si pars unius prægravari censetur, is alteri certam pecuniam, hæreditariam dictam, solvere damnabitur.

Sin autem res dividi non possit, tunc uni hæredum tota assignanda est, certæ pecuniæ cæteris solvendæ conditione; vel etiam, huic ususfructus, illi dominium; vel, admisso emptore extraneo, inter omnes hæredes pretii divisio. Licet adhuc judici, cùm adjudicat, aliquam servitutem imponere, ut alium alii servum faciat ex fundis quos adjudicat (I. lib. 4, tit. 6 § 20, tit. 17 § 4, 5; D. lib. 10, tit. 2 l. 22 § 3, l. 25 § 20, l. 55).

2. De præstationibus :

Quamdiù pro indiviso hæreditas possidetur, inter omnes hæredes communia sunt damna et lucra quæ bonis hæreditariis eveniunt.

Ideò, qui fructus ex re communi solus perceperit, erga cohæredes quasi ex contractu tenetur : idem juris est de eo qui bona defuncti administraverit, et in ea impensas necessarias fecerit; ei damni præstationem cohæredes debere justum est (I. lib. 3, tit. 27 § 3, 4).

V. Familiæ erciscundæ judicii effectus?

1. Unusquisque hæredum partem suam rei hæreditariæ habet pro diviso; fit dominus rerum quæ ipsi adjudicatæ sunt;

2. Item, officii judicis est ut de evictione caveatur his quibus adjudicat. Etenim accidere potest ut bona æquo jure divisa sint, sed pars unius hæredum, post divisionem, vel partìm vel totaliter, evicta sit : in tali causâ, cohæredes de evictione tenentur, per actionem ex stipulatu, si de evictione cautum fuerit; contrà verò, per actionem præscriptis verbis, si nil de evictione rerum singulis adjudicatarum specialiter convenerit (C. lib. 3, tit. 36, Const. 14; D. lib. 10, tit 2, l. 25 § 21;

3. Divisionem prædiorum vicem emptionis obtinere placuit : unusquisque hæredum in cohæredem jura transferre censetur quæ, ante divisionem, in partibus adjudicatis habebat. Demùm, divisio quasi alienatio necessaria rectè existimatur; nemo enim pro indiviso possidere cogi potest (C. lib. 3, tit. 38, Const. 1).

VI. Actionis familiæ erciscundæ præscriptio ?

Hæc actio triginta annorum spatio concluditur, ex quo unus hæredum bona defuncti veluti sua solus possidere incepit : quandiù verò indivisa et communis hæreditas manet, vivit actio familiæ erciscundæ, nulli spatio temporis subjicitur.

Hoc juris præceptum iis verbis enuntiat Codex, lib. 7, tit. 40, Const. 1 § 1 : « Jubemus omnes personales actiones, quas verbosa « quorumdam interpretatio extendere extra metas triginta annorum « conabatur, triginta annorum spatiis concludi; nisi, etc.

« Nemo itaque audeat, neque actionis familiæ erciscundæ, neque « communi dividundo, neque finium regundorum, neque pro socio, « neque furti, neque vi bonorum raptorum, neque alterius cujuscun- « que personalis actionis, vitam longiorem esse triginta annis, inter- « pretari. »

DROIT COMMERCIAL.

ACCEPTATION DE LA LETTRE DE CHANGE.

L'acceptation est l'obligation contractée de payer, à l'échéance, le montant d'une lettre de change.

On distingue deux sortes d'acceptations :

I. L'acceptation proprement dite, émanant du tiré, qui fait l'objet de notre travail (C. com., art. 118 - 126).

II. L'acceptation par intervention, émanant d'un tiers, lorsqu'il y a refus du tiré (C. com., art. 126 - 129).

NOTIONS GÉNÉRALES.

I. Qu'est-ce que l'acceptation proprement dite ?

On peut la définir l'accession du tiré, par laquelle il s'oblige à payer, à l'échéance, le montant d'une lettre de change qui lui est adressée. Elle donne un complément nouveau à la lettre de change ; elle est le troisième contrat qui se forme pour le contrat de change :

1. Entre le tireur et le porteur, contrat de change ;

2. Entre le tireur et le tiré, mandat ;

3. Obligation de la part du tiré envers le porteur, par l'acceptation de la lettre de change.

Avant l'acceptation, le tiré n'est point lié envers le porteur ; mais dès qu'il a accepté, il devient son débiteur direct. Il est donc vrai de dire que l'acceptation complète la lettre de change, qu'elle en augmente le crédit et en facilite la circulation ; le porteur aura, outre la garantie du tireur, l'obligation directe de l'accepteur.

II. L'acceptation est-elle de la nature ou de l'essence du contrat de change ?

Il est une espèce de lettres de change pour lesquelles l'usage ordinaire n'admet pas l'acceptation ; ce sont les lettres de change payables à vue. En effet, l'acceptation se donne en attendant l'échéance, et le porteur d'une lettre de change payable à vue peut, par la seule présentation, demander plus qu'une promesse, c'est-à-dire le paiement.

Il en est de même des lettres de change payables le même jour que celui où elles sont tirées, si le lieu sur lequel elles sont tirées est assez rapproché pour que le paiement puisse s'effectuer le même jour.

Ajoutons néanmoins que si, dans l'usage ordinaire, ces lettres de change ne sont point acceptables, rien ne s'oppose à ce qu'elles soient acceptées.

Enfin il y a des lettres de change qui ne sont jamais susceptibles d'acceptation, ce sont les billets à domicile.

D'où nous concluons que l'acceptation est de la nature et non de l'essence du contrat de change. On pourra donc y déroger, stipuler dans une lettre de change qu'elle ne sera point acceptable : une pareille clause est parfaitement valable et ne saurait donner lieu à aucune surprise.

III. A quelle époque le porteur de la lettre de change peut-il demander l'acceptation ?

Le porteur pourra, à défaut de convention contraire, demander l'acceptation à telle époque qu'il jugera convenable, jusqu'à la veille de l'échéance; au jour de l'échéance, il a droit au paiement. L'acceptation ne pourrait être demandée après l'échéance, car elle est une sûreté en attendant le paiement.

IV. La demande d'acceptation est-elle un devoir pour le porteur?

L'art. 118 du Code de commerce impose au tireur et aux endosseurs d'une lettre de change l'obligation solidaire de garantir l'acceptation. Mais la demande d'acceptation est en général, pour le porteur, une faculté et non un devoir.

Il n'y a que deux cas où le porteur soit tenu de demander l'acceptation :

1. L'un est légal et ressort de la nature même des choses. Lorsque la lettre de change tirée sur une personne d'un certain lieu est payable dans un autre lieu, sans indication de domicile, le porteur, dans son intérêt, se fera indiquer par le tiré le domicile de la personne qui doit faire le paiement, ce qui a lieu par l'acceptation (C. com., art. 123);

2. L'autre est conventionnel. Le porteur doit demander l'acceptation, si la lettre de change lui en impose le devoir. La lettre pourrait même renfermer la clause que le porteur doit demander l'acceptation dans un certain délai (ce qui arrive lorsque le tireur a lieu de craindre que le tiré ne dissipe la provision) : le porteur qui n'accomplirait pas cette obligation, encourrait la déchéance de son recours contre les garants.

V. Il faut que l'acceptation soit expresse (C. com., art. 125 al. 1er).

VI. Elle doit être en elle-même pure et simple : mais la loi permet de la restreindre quant à la somme; une lettre de change de 1000 fr. p. ex. peut être acceptée pour la moitié seulement (C. com., art. 124).

VII. La provision n'entraîne pas nécessairement l'acceptation; ainsi le tireur doit, malgré la provision, s'assurer, d'une manière quelconque, que le tiré acceptera. Cependant, à l'égard du tireur, l'engagement du tiré à accepter peut être tacite.

§ 1er. DANS QUEL DÉLAI LE TIRÉ AUQUEL L'ACCEPTATION EST DEMANDÉE
DOIT-IL SE PRONONCER (C. com., art. 125)?

Il est de l'intérêt du commerce que le tiré ne soit point contraint
d'accepter immédiatement : le tiré, qui n'aura point le temps d'examiner s'il est ou non débiteur du tireur, surtout dans le cas d'un
compte courant, refusera l'acceptation par crainte de s'engager témé-
rairement.

D'un autre côté, en faveur même de la rapidité des opérations
commerciales, ce délai, que nous comparerons au délai pour délibérer
accordé à l'héritier par l'art. 795 al. 2 du Code civil, ne devait pas être
trop long. L'ordonnance de 1673 l'avait fixé à trois jours ; mais le Code
de commerce, avec raison, l'a réduit à 24 heures, art. 125. Ce délai,
néanmoins, est susceptible d'augmentation, dans le cas où les opérations du commerce sont suspendues par un jour de fête légale : de
même, le tiré pourrait renoncer au bénéfice de l'art. 125 et accepter
immédiatement.

De quelle manière le porteur constatera-t-il l'époque de la remise
de la lettre de change au tiré, et par suite le retard de l'acceptation,
s'il y a lieu ?

Le Code est muet à cet égard. Le moyen le plus simple, consacré
par l'usage, consiste en un reçu que le porteur demande au tiré, indiquant le jour et l'heure auxquels la lettre de change a été remise,
sauf aux juges, en cas de contestation, à statuer ce que de droit.

La sanction de la disposition qui fait l'objet de l'alinéa 1er de
l'art. 125 du Code de commerce, se trouve dans l'alinéa 2 du même
article : Après les 24 heures, si la lettre de change n'est pas rendue,
acceptée ou non acceptée, celui qui l'a retenue est passible de dommages-intérêts envers le porteur. Quant au taux de ces dommages-in-

térêts, il équivalait autrefois au montant de la lettre de change; mais aujourd'hui il est entièrement abandonné à l'appréciation du tribunal.

§ 2. FORME DE L'ACCEPTATION.

Nous indiquerons d'abord les règles du droit commun, pour examiner ensuite les cas exceptionnels.

Les conditions ordinaires prescrites pour la forme de l'acceptation sont au nombre de deux (C. com., art. 122 al. 1 et 2):

I. L'acceptation est exprimée par le mot *accepté*.

Ce terme n'est point sacramentel; il peut être valablement remplacé par toute autre expression qui ne laisserait aucun doute sur l'intention du tiré (Arrêt de la Cour de cassation, section civile, du 16 avril 1825). Néanmoins, pour éviter toute contestation, il est plus prudent d'employer le mot même désigné par le Code.

II. L'acceptation doit être *signée*.

Quid, si le tiré ne peut ou ne sait signer; se trouvera-t-il par là dans l'impossibilité d'accepter?

Il pourrait accepter, il est vrai, par acte notarié: mais, comme l'acceptation doit être faite sur la lettre de change même, le tiré donnera à un tiers une procuration authentique, à l'effet d'accepter en son nom; cette procuration devra rester annexée à la lettre de change.

L'art. 122 du Code de commerce n'exige dans l'acceptation ni la mention de la somme (cette mention n'est indispensable que pour une acceptation partielle), ni une indication de domicile. Quant à la date, elle n'est point essentielle, si la lettre de change est payable dans un délai fixe, par exemple, à un ou plusieurs jours, à un ou plusieurs mois de date.

Voilà le droit commun.

Mais il peut se présenter deux cas où il faudra exceptionnellement une condition de plus que les deux conditions ordinaires ; dans l'un, mention de la date ; dans l'autre, indication du domicile où le paiement doit s'effectuer :

I. L'acceptation doit être datée, si la lettre est à un ou plusieurs jours ou mois de vue (C. com. art 122 al. 3). L'alinéa 4 du même article indique la sanction de cette disposition : le défaut de date de l'acceptation rend la lettre exigible au terme y exprimé, à compter de sa date. Ainsi, une lettre de change tirée le 1er février 1810 à 20 jours de vue, et acceptée sous la date du 19 février, ne sera exigible que le 11 mars ; la lettre, au contraire, sera exigible le 21 février, si l'acceptation n'est point datée : l'accepteur ne pourra se plaindre des suites de sa négligence, *contrà volentem non fit injuria* (Delvincourt, institutes de droit commercial, t. II, p. 121, note 4).

II. L'acceptation d'une lettre de change payable dans un autre lieu que celui de la résidence de l'accepteur, indique le domicile où le paiement doit être effectué ou les diligences faites (C. com., art. 123). Nous avons fait remarquer déjà que l'indication de domicile, dans l'acceptation, n'est point exigée pour la lettre de change pure et simple, payable au domicile du tiré. Mais, si la lettre est payable dans un autre lieu que celui du domicile du tiré, et que le tiers qui doit payer n'y soit pas exactement désigné, la lettre est incomplète ; c'est au tiré de la compléter dans l'acceptation, en indiquant le domicile où le paiement doit être fait.

M. Delvincourt (op. cit., t. II, p. 121, note 5), enseigne que le défaut d'indication de domicile, dans ce cas, équivaut au défaut d'acceptation, et que le porteur de la lettre devra protester faute d'acceptation. Nous pensons qu'une pareille acceptation n'est point nulle ; elle n'est qu'incomplète ; l'accepteur demeure irrévocablement obligé, et le porteur exercera son recours en dommages-intérêts contre l'accepteur et contre le tireur.

Pour terminer ce paragraphe, il nous reste deux questions à examiner :

PREMIÈRE QUESTION : L'acceptation doit-elle toujours être écrite ou peut-elle être verbale ?]

L'ordonnance de 1673 exigeait formellement que l'acceptation fût écrite : ce principe a été conservé par le Code ; l'art. 122 parle de signature, de date, ce qui suppose un écrit.

L'acceptation doit être expresse ; dès lors nous rejetterons aussi l'acceptation tacite, qui résultait autrefois du retard apporté par le tiré dans la remise de la lettre de change au porteur. Ce retard n'implique point une acceptation tacite de la part du tiré ; il le rend passible de dommages-intérêts envers le porteur : l'art. 125, al. 2, est formel à cet égard. Il n'en est pas de même en Angleterre et en Prusse : l'acceptation n'est soumise à aucune forme ; une simple promesse même, verbale ou écrite, de la part du tiré, suffit pour l'obliger au paiement de la lettre de change (Auguste Schiebé, Traité théorique et pratique des lettres de change, p. 96).

DEUXIÈME QUESTION : L'acceptation doit-elle être mise rigoureusement sur la lettre de change même ?

M. Pardessus (Cours de Droit commercial, t. II, p. 173) a conclu du silence du Code que l'acceptation peut être donnée par un écrit séparé qui circulerait avec la lettre de change. Mais comment obvier aux difficultés que peut soulever la foi attachée à cet écrit ? Que de contestations en cas de perte d'une semblable acceptation !

D'ailleurs, ce système n'est-il pas en opposition avec l'esprit du Code ? L'acceptation est exprimée par le mot *accepté* ; quelle serait donc la valeur de ce mot sur un écrit séparé ? D'un autre côté, le législateur n'aurait-il pas indiqué ici la même distinction qu'il a faite pour l'art. 142 al. 1 C. com. ? Voyez, dans ce sens, deux arrêts de la Cour de cassation : l'un, de la section civile, du 16 avril 1823 ; l'autre, de la section des requêtes, du 28 décembre 1824.

§ 3. EFFETS DE L'ACCEPTATION.

I. L'effet principal de l'acceptation est déterminé expressément par l'art. 121 al. 1er du Code de commerce. L'acceptation est un contrat par lequel l'accepteur s'oblige à payer la lettre de change, aux lieu et époque convenus : l'accepteur devient débiteur direct et personnel; mais cette obligation s'attache au titre et non au porteur, non à une personne déterminée.

II. L'acceptation établit la preuve de la provision à l'égard des endosseurs (C. com., art. 117, al. 2).

III. Dès que la lettre est acceptée, le porteur a sur la provision le droit que la Cour de cassation, section des requêtes, arrêt du 9 juin 1841, a défini avec beaucoup de raison : droit d'affectation spéciale; le tireur ne peut plus retirer la provision, qui reste définitivement acquise au tiré pour le paiement de la lettre de change.

IV. L'acceptation est irrévocable; l'obligation du tiré subsiste, quand même le tireur aurait failli, avant l'acceptation et à l'insu du tiré (C. com., art. 121 al. 2).

§ 4. REFUS D'ACCEPTATION; SUITES DE CE REFUS.

L'art. 124 al. 1 du Code de commerce autorise formellement une acceptation partielle de la lettre de change; mais il peut arriver aussi que le porteur éprouve un refus absolu, soit que le tireur n'ait point fait la provision, soit que le tiré, par une circonstance quelconque, se trouve dans l'impossibilité d'accepter. Le porteur, dans cette hypothèse, éprouve un préjudice; la loi doit protéger ses intérêts et lui ouvrir une voie de recours.

I. Obligation pour le porteur de faire constater le refus d'acceptation ?

Le refus d'acceptation est constaté par un acte que l'on nomme *protêt faute d'acceptation* (C. com., art. 119). Le porteur doit protester immédiatement après le refus, et en faire la notification aux garants.

II. Suites de la notification du protêt faute d'acceptation ?

Les suites de cette notification sont nettement tracées par l'art. 120 du Code de commerce.

III. Conditions requises pour que la caution donnée au porteur soit admissible et satisfactoire ?

Ces conditions sont les suivantes :

1. La caution doit avoir la capacité de contracter (C. c., art. 2018);

2. Elle doit avoir un domicile reconnu (C. c., art. 2018). Mais ici la force même des choses exige une condition de plus que le droit commun : la lettre de change contient promesse de paiement en un certain lieu; dès lors, si le tiré refuse de payer, le porteur ne doit pas être condamné à demander ailleurs le paiement de la lettre de change ; il faut donc que la caution soit domiciliée dans le même lieu que le tiré ;

3. L'art. 2019 al. 1 du Code civil dit que la solvabilité de la caution s'estime eu égard à ses propriétés foncières : mais il fait une exception en matière de commerce;

4. La caution doit être contraignable par corps, si le montant de la lettre est de deux cents francs et au-dessus;

5. Lorsque la caution reçue par le porteur est ensuite devenue insolvable, il doit en être donné une autre (C. c., art. 2020, al. 1).

IV. Enfin, dans le cas d'une acceptation partielle, on applique, pour le surplus de la lettre, non accepté, les mêmes règles que si l'acceptation avait été refusée pour le tout.

DROIT DES GENS.

SERVITUDES

DE DROIT DES GENS.

Dans la sphère civile, la liberté individuelle est soumise, il est vrai, à certaines entraves imposées par la loi, dans l'intérêt général. Mais chaque individu jouit de sa liberté, pourvu qu'il respecte les restrictions que le droit civil a dû assigner à l'exercice de la liberté naturelle de chacun, dans le but de la rendre compatible avec celle des autres.

En Droit des gens, liberté, indépendance presque illimitée; point de loi qu'une nation puisse arbitrairement imposer à une autre nation.

Les nations ont leur souveraineté à l'extérieur; c'est pour l'obtenir et pour la faire respecter qu'elles sentent le besoin de se personnifier dans un chef. Cette personnification en effet repose, d'une part, sur une nécessité matérielle, d'autre part sur la nécessité d'une centralisation de puissance pour repousser la force par la force, et permet à

9

l'État souverain de traiter avec les nations étrangères. Ainsi, à l'extérieur, indépendance, souveraineté qui donne à la nation le droit d'user efficacement de sa liberté dans tout ce que n'interdisent point la coutume, la civilisation et les traités.

C'est surtout à l'intérieur que nous trouvons la souveraineté. Chaque nation n'est-elle pas libre d'exercer les moyens qu'elle juge nécessaire à son bien-être et à sa sûreté, de les étendre sur tous les sujets, sur tous les biens compris dans l'enceinte de son territoire, de choisir sa constitution, d'organiser les pouvoirs et de les distribuer sur tous les degrés de la hiérarchie administrative?

Mais il y a des exceptions à cette souveraineté intérieure des nations; ce sont les servitudes : *servitutes juris gentium.*

I. D'où naissent ces servitudes?

Elles dérivent :

1. *Ex naturâ rerum.* Telle serait l'obligation imposée à deux nations dont les territoires longent une rivière, de ne point barrer cette rivière, ni à son entrée ni à sa sortie : *servitutes juris gentium naturales ;*

2. *Ex conventione, servitutes juris gentium voluntariæ.*

Il n'y a point en Droit des gens de servitudes légales : les nations ne reconnaissent au-dessus d'elles aucun supérieur commun, si ce n'est cette loi universelle, appelée aussi Loi de la nature, et que Cicéron a définie admirablement : *vera lex, recta ratio, naturæ congruens, diffusa in omnes, constans, sempiterna, etc. (de republicâ, lib. 3, n° 17).*

La servitude ne saurait davantage reposer sur une possession même immémoriale. Il n'y a, dans ce cas, qu'un simple état de fait, dont la durée est subordonnée au bon vouloir de la nation qui a consenti la servitude. L'État dominant n'est jamais dispensé de produire le titre constitutif de la servitude, et, à défaut de cette production, l'État servant est dégagé : car le droit de souveraineté est tellement absolu, que la présomption n'est point en faveur de la servitude, mais en faveur de la liberté qui est l'âme d'un État.

L'avantage mutuel des nations pourrait, il est vrai, exiger la recon-

naissance de la prescription en Droit des gens; souvent même les
puissances de l'Europe ont semblé admettre ce principe, en ayant recours à des protestations faites à temps pour conserver leurs droits.
Mais il est difficile d'asseoir une opinion fixe, en présence des contra-
dictions fréquentes que l'on rencontre à ce sujet, et d'ailleurs, aucune
convention, aucun usage même n'a fixé le temps requis entre les nations pour prescrire (Martens, Précis du Droit des gens moderne de
l'Europe, t. I, p. 173-177).

Aussi les jurisconsultes et les philosophes se sont-ils divisés sur la
question importante de savoir si la prescription et l'usucapion ont
leur fondement dans le droit naturel ou dans le droit civil, et si elles
peuvent avoir lieu entre les peuples ou les Etats indépendants (Vattel,
t. Ier, livre 2, chap. XI; Puffendorff, Droit de la nature et des gens,
t. Ier, livre 4, chap. XII).

L'histoire moderne atteste, par un événement encore tout palpitant
d'intérêt, que la prescription la plus longue ne saurait être invoquée
comme un droit. Nous voulons parler de l'insurrection de la Grèce
contre l'empire turc, commencée en 1821, sous les auspices de la
France et de l'Angleterre, consolidée par la fameuse bataille de Na-
varin, 20 octobre 1827, et terminée, le 7 mai 1832, par l'avènement
du prince Othon Ier, qui fut ratifié par le congrès du 8 août, même année.

Enfin, une obligation quelconque, imposée par un vainqueur à une
nation opprimée, ne sera jamais considérée comme une servitude proprement dite : ce n'est là qu'une oppression, qu'un triomphe du fort
sur le faible; or, la violence, a dit un penseur profond du XVIIe siècle,
n'a qu'un cours borné par l'ordre de Dieu (Pascal, lettres provin-
ciales, 12e lettre).

II. Au profit de qui sont établies les servitudes ?

Elles sont établies :

1. Au profit d'un autre Etat indépendant;

2. Au profit même d'un individu, jouissant d'une indépendance relative, et protégé par le Droit des gens.

L'établissement des postes, qui exerça une puissante influence sur le développement du commerce et de la civilisation européenne, nous offre un exemple remarquable et peut-être unique du second mode de constitution des servitudes. Au commencement du XVIᵉ siècle, sous la régence de l'empereur Maximilien Iᵉʳ, un gentilhomme italien, François de la Tour et Taxis, établit les premières postes dans les Pays-Bas. Des Pays-Bas, cet établissement passa d'abord en Allemagne où les postes furent conférées à la famille de Taxis, comme un droit régalien et de là dans tous les autres pays civilisés (Martens, op. cit., t. Iᵉʳ p. 252, § 111; Koch, Tableau des révolutions de l'Europe, t. Iᵉʳ, p. 307).

3. Il y a des servitudes réciproques entre divers Etats; telle est cette union remarquable qui remonte à l'année 1828, et à laquelle l'Allemagne devra peut-être un jour l'avantage d'être reconstituée en puissance du premier rang, avec le sentiment de son unité et de sa force. Nous voulons parler de l'association commerciale prussienne, qu'on désigne aujourd'hui sous la dénomination de *Zollverein*, et dont les progrès rapides ont attiré l'attention universelle (Encyclopédie des gens du monde, t. VIII, 2ᵉ partie, p. 459-464).

III. Objet et nature de ces servitudes?

Les servitudes de Droit des gens portent sur les biens de l'Etat servant, c'est-à-dire:

1. Sur la propriété ou le domaine public;

2. Sur la majesté de l'Etat, par exception au principe qui régit les servitudes de Droit civil: nous citerons plus loin des exemples de cette espèce de servitudes.

Les besoins de la navigation imposent aux Etats riverains d'Allemagne l'obligation de souffrir un chemin de halage, et exigent souvent pour cet objet l'expropriation de biens appartenant à des particuliers; mais jamais une servitude de Droit des gens ne peut affecter directement une propriété privée.

Comme charges réelles, les servitudes de Droit des gens passent de plein droit à tout successeur ou possesseur du territoire.

IV. Mode d'exercice?

Quant à leur mode d'exercice, les servitudes de Droit des gens se divisent:

1. En affirmatives, quand la puissance dominante exerce dans un autre Etat, d'une manière indépendante, un droit de souveraineté;

2. En négatives, quand une nation s'interdit en faveur d'une autre nation l'exercice d'un droit de souveraineté, absolu ou relatif, lorsqu'elle s'engage, par exemple, à ne lever qu'un certain nombre de troupes, à ne point reconstruire telle ou telle forteresse.

V. Exemples?

Les servitudes de Droit des gens sont d'une variété infinie; il nous suffira d'en rappeler quelques exemples:

1. Par le traité de paix conclu entre Rome et Carthage, à la fin de la première guerre punique, 242 avant Jésus-Christ, les Carthaginois s'interdirent le droit de faire la guerre aux alliés de Rome;

2. Au commencement de la seconde guerre punique, les Carthaginois s'engagèrent, par un nouveau traité, à ne pas pousser leurs conquêtes au-delà de l'Ebre et à respecter la ville de Sagonte, alliée des Romains, bien qu'elle fût située en deçà de ce fleuve;

3. Par le traité de paix de l'an 196 avant Jésus-Christ, Philippe, roi de Macédoine, vaincu par les Romains, consentit à n'avoir que cinq cents hommes sur pied;

4. Par le fameux traité de la Barrière, signé à Anvers le 15 novembre 1715, sous la médiation et la garantie de la Grande-Bretagne, les provinces et villes des Pays-Bas, tant celles qui avaient été possédées par le roi Charles II, que celles que la France avait cédées par les traités d'Utrecht, furent transférées à l'empereur et à la maison d'Autriche, à condition qu'elles ne pourraient être soumises qu'aux successeurs des États de la maison d'Autriche (Koch, op. cit., t. II, p. 52; Conversations-Lexicon, t. X, p. 552).

5. Dans divers États allemands, la Prusse s'est réservé des droits d'étape, *Etappenstrassen* (Martens, op. cit., t. Ier, p. 211 et 212; Conversations-Lexicon, t. X, p. 552);

6. Par les traités de 1815, la France s'est engagée à ne pas relever les fortifications d'Huningue;

7. L'Autriche a le droit de tenir garnison dans le duché de Ferrare;

8. Dans l'intérêt de la religion et de l'humanité, les nations civilisées se sont interdit la traite des Nègres.

On ne peut mentionner ici le vasselage dans lequel la papauté tenait autrefois la chrétienneté catholique-romaine : de pareils abus ont entièrement disparu; car ils sont contraires à l'indépendance des nations et à la souveraineté des princes.

VI. Conditions pour que ces servitudes ne dégénèrent pas en abolition de la souveraineté d'une nation?

Un État peut librement disposer de sa propriété et de ses droits, et les servitudes qu'il s'impose, pour être onéreuses, ne sont point contraires au Droit naturel. Mais, pour prévenir les abus qu'entraînent souvent de pareilles concessions, pour obvier au danger d'un asservissement successif, deux conditions paraissent essentielles à l'établissement et à l'exercice de la servitude :

1. Il faut une convention claire et précise, qui constitue la servitude;

2. La servitude ne doit pas être étendue au-delà des limites fixées par la convention; ainsi un droit de passage sur une route n'implique aucun droit de juridiction sur cette route. De même, la servitude ne saurait frapper un droit essentiel à la souveraineté; car, dès qu'une nation remet entre les mains d'un État étranger un droit essentiel à sa souveraineté et à son indépendance, elle cesse d'être vraiment souveraine. Nous savons ce qu'est devenue la malheureuse Pologne, depuis le funeste traité d'alliance qu'elle a conclu avec la Russie le 16 octobre 1793.

VII. Modes d'extinction?

Les servitudes de Droit des gens s'éteignent :

1. Par l'annulation du traité constitutif;
2. Par convention expresse;
3. Par la destruction ou par l'abandon de la chose;
4. Par la consolidation;
5. Par l'expiration du terme fixe à la concession.

FIN.